KB117833

언어 천재들은 어떻게 말을 할까

언어 천재들은
어떻게 말을 할까

정재영 지음

정재승, 김영하, 유시민, 손석희의 수사법

21세기북스

차례

정재승, 김영하, 유시민, 김상욱, 손석희, 유발 하라리는 어떻게 말하길래 그들의 문장은 놀랍고 신기하고 감탄스러울까. 그게 오랫동안 궁금했다. 친구와 가족에게 어떻게 말해야 내 마음을 산 채로 전달할 수 있을까. 그 또한 오래된 의문이다. SNS 포스트는 어떻게 쓰는 게 효과적일까. 이건 비교적 최근의 질문이다.

그런 질문들의 귀결은 수사학이었다. 수사학은 수사법에 대한 이론이다. 그럼 수사법은 뭔가. 서양에서 2천여 년 전부터 발전해온 수사법은 동의를 얻는 말 기술이다. 주목할 것은 말의 내용이 아니라 말의 방법 및 기법으로도 동의를 이끌어낸다는 점이다.

가령 같은 사랑의 고백도 대조법을 쓰면 호소력이 더 높아진다. 말하지 않는 척하면서 말하면 상대와 청중이 흔들린다. 뿌리가 비슷한 말을 연속하기만 해도 말뜻이 풍부해진다. 잔소리하는 직장 상사에게 저항할 때는 예시 요구가 좋은 무기다. 반복의 수사법은 단순하지만 미묘하고 깊은 언어 효과를 낸다.

동의를 얻고 기쁨을 주며 놀랍게 만드는 말의 기술이 수사법이며 그것이 이 책의 주제다. 그리고 정재승, 김영하, 김훈, 손흥민, 유시민, 김상욱, 손석희, 유발 하라리, 마크 트웨인, 무라카미 하루키, 마이클 샌델 등 지구 최상위 언어 능력을 가진 사람들의 실제 말을 빌려 수사법을 구체적으로 설명하는 것이 이 책의 전략이다. 아울러 이 책의 기대 효과도 있다. 천재적 언어 감각의 비밀을 알아내고, 친구와 가족과 고객의 마음을 움직이는 말 기술을 익히며, SNS 글을 더 빛나게 쓰는 법을 터득하도록 독자를 돕는 게 그것이다.

이 책의 출간은 저자 개인으로도 뜻깊은 일이다. 25년 전부터 읽고 싶던 책을 내가 직접 써서 내놓게 되었기 때문이다. 1990년대 후반에 나의 세 번째 단행본이 출간되었는데 조용하고 깊은 성정의 담당 편집자와 대화하던 중에 수사학에 대한 이야기가 나왔다. 나는 갑작스레 열망을 느꼈다. 글과 말의 설득력을 높인다는 수사법을 철저히 익히고 싶었던 것이다. 그런데 편집자나 주변 사람들에게서 추천받아 읽은 수사학 도서들은 이론적이고 철학적인 것들이다. 구체적인 사례 설명이나 기법 설명이 적을 수밖에 없었다. 또 문학 분야 수사학 도서들의 사례는 일상 언어와 너무 멀었다. 내가 궁금했던 것은 TV에서 감탄스럽게 말하는 사람들의 비밀이었고, 내가 친구와 가족에게 당장 활용할 말 기술이었다. 그것을 오랫동안 궁금해다가 수사학 공부를 거쳐서 결국 이 책을 쓰게 된 것이다. 오랫동안 먹고 싶었던 음식을 내가 직접 요리한 셈이니 나로서는 감개무량할 수밖에 없다.

말한다는 건 우주적 사건이다. 선택지가 무한하기 때문이다. 인간은 우주의 별만큼 많은 문장 중에서 하나를 골라서 말한다. 시시한 비유가 아니라 명백한 사실이 그렇다.

미국의 언어학자 스티븐 핑커의 《언어본능》에 나오는 이야기다. 한 사람이 말을 하고 있는데 가로막았다가 다시 말을 시작하게 한다고 하자. 그 사람이 문법과 의미에 맞게 선택할 수 있는 단어는 평균 10개이다. 즉 10개 중 하나를 선택하는 것이다. 그가 두 단어로 된 문장을 말한다면 그는 10 곱하기 10, 즉 10의 2제곱 중 하나를 고르게 되는 것이다. 만일 20단어로 이루어진 문장을 말한다면 그의 총 선택지는 10의 20제곱이다.

10의 20제곱은 상상하기 어려운 숫자이다. 수천억, 수천조, 수천경보다 막대하게 큰 수이다. 바로 1해[※]다. 20단어로 된 문장을 말한 당신은 1해 개의 문장들 중 하나를 고른 것이다. 물론 각 언어마다 수치가 조금씩 다르겠지만 이건 부정할 수 없다. 말을 한다는 건 우주적 사건인 것이다. 단어 선택만 해도 사막의 모래산에서 딱 맞는 빛깔과 크기의 모래 한 톨을 골라내는 일이다. 그러니 말하기가 고단하고 두렵고 떨리는 게 당연하다.

수사법이 말하기의 고단함을 줄여준다. 효율적인 단어 선택과 단어 조합법을 알려주기 때문이다. 수사법은 또한 말하기의 두려움도 경감시킨다. 내 말뜻을 오해 없이 무사히 전달하는 덕분이다. 수사법을 소개하는 이 책이 독자들의 우주적 언어 활동을 지원하길 기원한다.

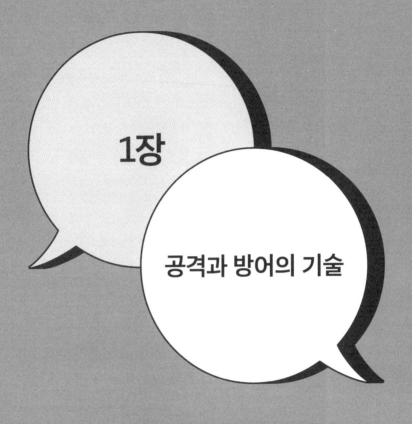

1장

공격과 방어의 기술

피곤한 일이지만 누구나 어쩔 수 없이 논쟁하게 된다. 나의 주장을 세우고 허위를 무너뜨리려면 세 가지 기술은 배우는 것이 좋다. 상대의 가정에 숨은 허점을 공격하고, 반론을 예상해서 미리 반박해두고, 남에게서 권위를 빌려 나의 권위를 강화하면 도움이 된다.

1 가정을 폭파한다

유시민의 인간과 돼지

일은 전혀 재미없는데 급여만 높은 회사에 취직하라고 압박하는 아버지가 있다. 어떻게 항의하는 게 좋을까.

둘 다 나쁠 게 없지만 차이는 분명하다. ①은 나의 속뜻을 밝히는 말이고 ②는 상대의 속뜻을 밝혀내는 이야기다. 또 ①은 공격적 반발에 가깝지만 ②는 세심한 진단이다. 의사가 환자의 질병 원인을 진단하듯이, 상대방 주장의 가정을 밝혀내고 있다. 여기서 주장과 가정이 중요 개념이다.

주장을 하지 않는 사람은 없다. 정의를 세워야 한다, 야식을 먹어야 한다, 기후위기를 막아야 한다, 이제 TV를 꺼야 한다, 등등 크고 작은 주장이 하루에도 수십 번씩 입에서 나온다. 그런데 주장을 할 때는 반드시 이유가 있어야 한다. 왜 그래야 하는지 근거가 필요한 것이다. 그래서 모든 주장의 배후에는 이유가 있는 것이다. 그런데 모든 이유에도 배후가 있고 그곳에는 가정이 숨어 있다.

예를 들어서 위의 취업 강요 사례를 예로 들어보자. 아버지의 주장, 이유, 가정은 아래와 같이 정리할 수 있다.

주장 : 너는 그 회사에 취직해야 한다.
이유 : 그 회사가 월급을 많이 주기 때문이다.
가정 : 높은 월급을 받아야 행복할 수 있다

저 가정이 타당한 것일까? 아니면 틀렸을까? 가정에 대해 차분히 이야기하면 논쟁이 쉽게 풀린다.

정리를 하면 간단하다. 모든 주장의 배후는 이유가 있고 이유의 배후에는 가정이 있다. 숨어 있는 가정을 끄집어내서 평가하는 능력이 훌륭한 커뮤니케이터의 자질이다.

실제 대화의 예를 들어보자. 2019년 MBC 〈100분 토론〉에서 정치인 홍준표와 작가 유시민이 보기 드물게 화기애애한 논쟁을 벌인 적이 있다. 중간에 유시민 작가가 슬쩍 공격을 하자 홍준표 정치인이 반발하는 대목이 있다.

> 홍준표 : (나에게 유시민 씨는) 어떻게 보면 TK 후배잖아.
> 유시민 : 뭐 또 그런 걸 따지세요? 그러면 나이로 눌러보겠다 그런 혹시….

아주 흥미로운 대화다. 먼저 홍준표 정치인의 주장, 이유, 가정을 분석해보자.

> 주장 : 당신은 나를 공격하면 안 된다.
> 이유 : 당신은 나의 고향 후배이기 때문이다.
> 가정 : 고향 후배가 선배를 공격하는 건 옳지 않다.

그러면 나이로 누르려는 의도인지 물었던 유시민 작가의 시선은 어디에 가 있었을까. 가정을 문제시한 것이다. 가정은 주장의 기초의 기초이다. 주장의 기초가 이유인데, 그 이유의 기초가 바로 가정이니까 그렇다. 맨 밑 기초 부분인 가정을 공격하면 상대의 주장은 힘을 잃기 쉽다.

또 다른 예를 보자. 2018년 〈JTBC 뉴스룸〉에서 암호 화폐에 대한 토론이 있었다. 한 토론 참가자는 암호 화폐의 미래를 밝게 봤다. 지금은 기술적으로 한계가 있지만 곧 발전해서 우리의 삶을 이롭게 할 것이라는 주장이었다. 그는 암호 화폐를 인터넷에 비교하기도 했다. 현재의 암호 화폐는 과거의 인터넷처럼 미성숙하지만 곧 인터넷처럼 성숙해져서 인류 삶의 기반이 될 거라는 뜻이었을 것이다. 그는 이렇게 말했다.

> (과거의 인터넷과 현재의 암호화폐는) 기술적으로 미성숙 상태라는 점에서는 똑같습니다.

그러자 유시민 작가가 반박했다.

> 미성숙한 인간과 미성숙한 돼지가 같지 않아요. 미성숙한 인간은 성숙한 인간이 되지만 미성숙한 돼지는 커도 돼지예요. 두 개를 그렇게 놓고 그런 식으로 비트코인이나 암호화폐의 부작용, 문제, 사기성, 판매 과정에서 나타나는, 이런 걸 감추면 안 되죠.

반사적으로 튀어나온 문장들인데도 수사적 실력이 대단하다. 먼저 비유법이 눈에 띈다. 인터넷은 인간으로 비유되었고 암호 화폐는 졸지에 돼지가 되어버렸다. 대조법도 선명하다. 첫 번째 문장에서 '미성숙한 인간'과 '미성숙한 돼지'가 나오는데, 인간과 돼지가 뚜렷이 대비된다. 두 번째 문장도 대조법에 따라 구성되었다. 성숙해지는 인간과 성숙할 수 없는 돼지를 대비시켜 주장의 설득력을 높였다. 이럴 때 작가의 단어들은 순식간에 공격 대형을 이루는 전사들 같다.

그리고 '사기성' 다음에 1초 정도 쉬었다가 '판매 과정에서 나타나는'을 더한 것도 눈에 띈다. 여기서도 연산속도가 놀랍다. 유시민 작가는 아주 짧은 시간 생각한 후에 자기 주장에 제한을 가하기로 결정한 것으로 보인다. 비트코인 등이 원래부터 사기성을 품은 것은 아니고, 판매 과정에서 사기성이 나타나는 게 문제라고 주장의 폭을 좁힌 것이다. 그럼으로써 반박이나 비판의 가능성을 낮췄다. 자신이 더 안전해진다.

다시 가정의 문제로 돌아가자. 위 유시민 작가의 반박이 강력했다면 그것은 상대방 주장의 숨은 가정을 공격했기 때문이다. 돼지와 인간을 동일시하는 게 부당한 것처럼, 인터넷과 암호 화폐가 똑같이 같은 길을 갈 거라는 가정도 틀렸다고 판단하고 공격한 것이다. 상대 주장의 기초의 기초를 무너뜨리려는 시도였다.

유시민 작가의 가정 공격 시도는 시청자와의 대화에서도 있었다. JTBC 〈2020 신년토론〉 현장이었다. 한 방청객이 질문했다. 유시민 작가는 편파적인 유튜브 방송을 한다고 공언했는데, 그렇게 편파적인 정치 개인 방송과 시청자가 늘어나면 사회 갈등도 커지지 않겠냐는 것이었다. 그는 말했다.

내가 원하는 콘텐츠만 취하게 되었을 때 (정치 성향에 따라) 서로의 간극이 더 벌어지는 게 아닐까 (그런 우려를 합니다).

난처한 질문일 수 있는데 유시민 작가는 이렇게 답했다.

그거는 그거 아니라도 벌어져요. 저는 이것이 없던 문제를 만든다고 보지는 않고요. 다양한 기회가 제공되어 있기 때문에 어디를 섭취하느냐는 각자의 문제(라고 나는 생각합니다).

유시민 작가는 질문자의 두 가지 가정을 문제시했다. 첫 번째로 유시민 작가 자신의 유튜브 활동이 정치적 갈등을 새롭게 만들어낸다고 가정에 동의하지 않는다고 했다. 두 번째로는 유튜브 방송의 소비자는 순결한 피해자로 여기고 생산자에게만 사회적 책임을 묻는 관습적 태도에도 반대한다. 소비자 자신의 선택에 따르는 책임도 이야기하고 있는 것이다.

유시민 작가의 정치적 경향에 대한 찬반 입장이 있겠지만, 누구라도 특히 그를 이기고 싶은 누구라면 그에게 배울 게 있다. 가정을 간파하는 능력이다. 주장의 밑바탕인 가정을 들춰내고 그것의 문제를 지적하는 힘이 막강한 논쟁 능력의 비밀이다. 비유하면 고층 건물 지하층으로 들어가 폭탄을 설치하는 능력이 유시민 작가에게 있다.

그런데 아킬레스도 무적이 아니다. 토론에서도 난공불락의 존재가 있을 수는 없다. 유시민 작가도 당황스러울 때가 있다. 가정이 공격당하면 그도 역시 흔들린다. 예를 들어보자.

MBC 〈100분 토론〉에서 정치인 홍준표와 작가 유시민이 웃으며 논쟁을 할 때였다. 홍준표 정치인이 좌파가 정부, 사법부, 언론까지 다 장악했다고 주장하자 유시민 작가가 반응하는 상황이 나온다.

> 유시민 : 온 세상이 다 시뻘겋게 보이고 나 혼자 파랗게 있는 그런 느낌이실 거예요. 그러면 세상이 삶이 참 외로워져요. 너무 그렇게 외곬으로 보시지 말고요.
> 홍준표 : (말을 가로막으며) 남을 그렇게 비난하지 말고….
> 유시민 : (어색하게 웃으며) 비난이 아니라 위로를 해드리는 거예요.

짧게 지나갔지만 유시민 작가가 몰리는 분위기였다. 그의 주장, 이유, 가정을 분석해보면 까닭을 알 수 있다.

> 주장 : 외곬으로 세상을 봐서는 안 된다.
> 이유 : 외곬은 외로워진다.
> 가정 : 외곬은 시각이 편협하기 때문에 외롭다.

"외곬은 외롭다"에는 외곬에 대한 비난이 전제가 숨어 있는 것이다. 홍준표 정치인은 그런 숨은 뜻, 즉 가정을 찾아내서 직접 반박했다. 유시민 작가의 얼굴에 어색한 웃음이 피어난 이유다. 그는 당황하고 흔들리는 것처럼 보였다. 인간의 주장은 허약한 것이다. 누구라도 가정이 폭파되면 당황하고 흔들릴 수밖에 없다. 가정 폭파범이 최상위 레벨의 논객이 된다.

연습 문제

▶ 내가 턱걸이를 두 개밖에 못하자 친구가 비웃듯이 말했다. "남자가 왜 그렇게 힘이 약하냐?"라고 말이다. 가정을 공격하려면 어떻게 받아쳐야 할까?

① 난 힘이 약하지 않아. 푸쉬업을 30개도 할 수 있어.
② 왜 남자는 힘이 세야 하지?

▶ 친척 어른이 걱정스런 표정으로 질문했다. "너희는 결혼한 지 몇 년이 지났는데 왜 아이를 아직 낳지 않니? 이유가 뭐야?" 어떻게 반응해야 질문의 가정에 직접 대거리를 할 수 있을까?

① 아직은 준비가 되지 않아서요.
② 아이를 낳고 기르면서 많이 행복하셨나 봐요? 어떤 행복감을 느끼셨어

요? 육아를 잘 해냈다고 자평하시나요? 후회는 없으신가요?

▶ 크리스토퍼 콜럼버스가 밑부분을 깨뜨린 후 계란을 세우자 사람들이 비난을 했다. "당신은 속임수를 썼어요"라고 말이다. 콜럼버스가 뭐라고 말해야 비난자들이 더 당황할까?

① 속임수가 아니라 창의성을 보여드렸습니다.
② 여러분은 내가 아니라 여러분 자신에게 속은 겁니다. 계란을 깨지 않고 세워야 한다는 여러분의 가정이 틀렸어요.

답은 모두 ②이다. 맨 마지막 문제의 경우에는 ①도 나쁘지 않지만, 가정을 공격해서 상대를 망연자실 멍하게 만든다는 점에서 ②가 상대 우위를 갖는다.

2 반대 의견을 예상하고 대응한다

소크라테스의 반론 상상

잘생겼다는 평판이 자자한 스타 배우가 방송 인터뷰를 하고 있다. 어떤 말이 배우 자신에게 손실을 끼칠까?

①처럼 말하면 미움을 사기 쉽다. ②가 안전하다. 비난을 받을 가능성이 현저히 낮은 것이다. 차이는 반대 의견 인정 여부이다. 반대 의

견 가능성을 인정하지 않으면 나는 속과 시야가 좁아터진 사람이 되어서 경멸 또는 미움을 받는다. 거꾸로 반대 의견 가능성을 인정하면 나는 도량과 시야가 바다처럼 넓은 사람이 되어 호감을 얻게 된다. 요컨대 반론 인정이 호감도를 높이는 것이다. 논란이 따르는 상황에서는 거의 언제나 그렇다.

예를 하나 더 살펴보자. 아래의 두 글의 공통점과 차이점은 무엇일까.

① 저는 SNS가 인생의 낭비라고 믿습니다. 아마 반대 의견은 거의 없을 겁니다. SNS에 몰두하면 시간과 에너지의 낭비가 너무 심합니다.

② 저는 SNS가 인생의 낭비라고 믿습니다. 분명 반대 의견도 있을 겁니다. SNS가 정보 교환과 교류의 긍정적 기능도 한다고 변호하겠죠. 하지만 이익보다는 손실이 훨씬 크다고 저는 봅니다. SNS에 몰두하면 시간과 에너지 낭비가 너무 심합니다.

밑줄 친 부분이 똑같다. 결국 ①과 ②는 주장은 똑같은데 느낌은 큰 차이가 있다. ①은 좁고 ②는 넓은 느낌이다. ①은 자기 생각에만 빠져 있지만 ②는 주변의 의견을 두루 살핀 것처럼 보인다. 그 차이는 어디에서 오는 것일까? ②가 예상되는 반론을 언급했기 때문이다. 혹시 있을지 모를 반대 의견까지 점검하고 미리 반박하니 탄탄한 글이 된다. 그에 따라서 설득력과 호감도가 상승한다.

이렇게 가능한 반론을 언급한 후에 미리 반박하는 수사법을 영어로는 프로카탈렙시스procatalepsis 또는 프롤렙시스prolepsis라고 하고 우리말로는 '예변법'이라고 부른다.

예변법의 역사적인 사례는 소크라테스가 남겼다. 그는 신을 모독하고 젊은 세대를 타락시켰다는 이유로 사형을 당했는데 당시 재판 과정에서 아래처럼 말했다.

누군가는 이렇게 말할 것입니다. "소크라테스. 왜 입을 다물 수 없나요? 그리고 다른 나라로 갈 수도 있을 테고 그러면 당신에게 간섭하지 않을 거예요"라고 말이죠… 그러나 내가 말하는 것은 진실입니다….

소크라테스는 자신을 반대하는 사람들의 주장을 언급한 후에 다시 자기 주장을 펼쳤다. 예변법의 표본이다.

예변법은 말하는 사람을 생각과 시야가 넓은 사람으로 만든다. 주장의 설득력이 높아지는 결과도 자연스럽다.

일상 생활에서는 이렇게 말하면 된다.

일주일에 3일은 순수하게 채식을 하자는 게 저의 의견이지만, 부모님이 영양 문제로 반대하실 수 있다는 걸 압니다. 이해합니다. 하지만 채식은 건강에 해롭지 않아요. 왜냐하면 ~

인류가 화성으로 급히 이주해야 한다는 저의 의견은 아마도 많은 반대에 부딪힐 것입니다. 저도 알고 있어요. 여러 이유가 제시되고 있습니다. 하지만 잊지 말아야 할 사실이 있어요. 지구의 수명은 100년도 남지 않았습니다. 게다가 ~

기특한 자녀는 부모의 걱정을 잘 알고 있다고 했다. 화성 이주를 주장하는 이는 반론을 두루 살핀 듯이 말했다. 생각이 깊고 유연해 보인다. 당연히 청자의 신뢰를 얻게 될 것이다.

영업 사원에게도 예변법이 이로울 수 있다.

아마 자동차 가격이 높아서 고민이 되실 겁니다. 그러나 안전하니까 값을 합니다. 게다가 저희의 할부 프로그램을 이용하면 부담이 적을 것입니다.

연애에서도 같다. "내 사랑을 믿고 너는 아무 걱정하지 마"도 괜찮지만, 상대의 염려를 예측 언급하면서 포용하는 것도 좋은 구애 전략이다.

나의 단점 때문에 네가 결심하지 못하는 거 알아. 내가 부족한 게 많아서 불안할 거야. 하지만 나에게는 장점도 많아. 그중에서도 ~"

여기서 예변법의 기본 문형을 정리해보자. 3단계 구조이다.

반대 의견이 있을 겁니다. → 하지만 그런 반대 의견에는 문제가 있습니다. → 저의 주장이 옳은 겁니다.

아래와 같은 표현이 예변법의 도입으로 좋다.

실전 대화 팁

- 물론 다른 시각도 있을 겁니다. 잘 알고 있습니다. ~
- 반대하는 사람들은 아마 이렇게 주장할 것입니다. ~
- 이렇게 걱정하실 수도 있어요. ~
- 반대 의견에도 일리가 있습니다. 하지만 ~

언론 매체에 실리는 사설이나 칼럼 등 주장 글을 보면 위와 같은 예변법 표현이 흔하다. 가능한 반론을 미리 반박해주면 주장의 설득력이 높아진다는 걸 직업적으로 글을 쓰거나 말하는 이들은 대부분 알고 있다.

말이 나왔으니 주장 글에 대해 정리해보자. 주장 글에서는 예변법의 역할이 아주 크다.

단순화하면 주장하는 글은 다섯 가지 기본 요소로 이루어진다.

주장 글의 다섯 가지 기본 요소

① 주장 : 　내세우는 의견	직장은 빨리 그만두는 게 좋다.
② 이유 : 　주장의 이유	한국의 어느 대학 심리학과가 연구한 바에 따르면, 직장 생활을 오래 한 사람의 50%는 자신이 불행하다고 느낀다.
③ 가정 : 　숨어 있는 이유	행복이 더 높은 가치이므로 행복을 위해 돈을 포기하는 게 합리적이다.
④ 예상 반론 점검 : 　예상되는 이견에 대한 　논의	돈이 행복의 필수 조건이라는 반론도 가능하다. 하지만 돈 욕심이 모든 불행의 출발점이기도 하다. 돈 욕심을 줄이고 빠른 은퇴를 선택하면 우리는 행복해질 수 있다.
⑤ 제한 설명 : 　주장의 적용 범위를 　제한하기	물론 모든 사람이 조기 은퇴해야 하는 건 아니다. 모멸감과 피로감을 쉽게 이겨내는 사람에게는 직장이 천국이다.

위 다섯 가지 요소 중에서 ③ 가정은 공개될 수도 있지만 숨겨놓는 경우도 많다. ④가 우리가 위에서 살펴본 예변법에 해당한다. 이렇게 예상 이견을 위한 공간을 배려하면, 이견이 힘을 얻는 게 아니라 나의 주장이 강화된다. 역설적이다. 논쟁에서도 인색하지 않고 너그러운 사람이 이기게 된다.

3 큰 권위를 빌린다
정재승의 유명한 실험

어떻게 말해야 사람들이 경청할까?

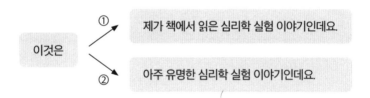

"내가 읽은 이야기"와 "유명한 이야기" 중에서 후자가 관심을 끄는 것은 당연하다.

0.5초나 될까. 사람은 듣고 보는 정보의 중요도를 빠르게 판단한다. 한 사람이 책에서 읽은 이야기가 중요할까, 아니면 많은 사람이 알

고 인정하는 유명한 이야기가 중요할까? 청자는 눈 깜빡할 사이에 결정하고 후자를 선택할 확률이 높다.

"경청하라"라고 눈물로 호소하거나 눈을 부라리며 명령한다고 해서 사람들이 귀 기울이지는 않는다. 경청하고 싶게 만들어야 경청한다. 많은 설득법을 이 책에서 소개하고 있는데, 여기서는 권위에 의존하는 화법에 관해 이야기해보자.

간단하다. "권위 있는 사람이 말한 것이니 중요하고 옳다"라는 가정을 깔고 말하는 것이다. 권위자는 네 종류로 나뉜다. 전문가, 전문 조직, 경험, 여론이 나의 주장에 권위를 부여해준다.

먼저 전문가의 권위를 빌리려면 이렇게 말하면 된다. 간단하다.

- 이건 하버드의 정치철학자가 말한 것이다.
- 10년간 전 세계 심리학자들이 연구하고 결론에 도달했는데 그것이 뭐냐면 ~

믿을 만한 조직의 권위를 이용할 수도 있다. 정부, 언론, 연구기관, 사회단체의 자료를 인용하는 것이다.

- 이건 정부가 공식적으로 내놓은 자료인데요…
- 미국 NASA가 외계 생명체에 대한 최종 보고서를 준비하고 있어요.

학력이나 경력 등 제도적 인정이 없어도 자기 분야의 경험이 많다면 기댈 수 있는 그 사람도 권위자다.

- 교사 생활 20년을 한 친구가 말하더군요.
- 아이를 다섯 명 낳고 기른 우리 부모님은 항상 이렇게 말씀하신다.

그리고 구체적 사람이 아니어도 된다. 다수 사람의 의견, 즉 여론도 큰 권위를 갖는다.

- 이건 굉장히 많이 팔리는 베스트셀러 상품입니다.
- 사람들이 100미터씩 줄을 서는 식당이 있어요.

위 네 유형에 번외의 권위자를 하나 더 한다면 그것은 바로 상대방이다. 상대방의 권위는 이렇게 말하면 빌릴 수 있다.

- 네가 지난 번에 말했듯이 ~
- 어제 회의에서 당신이 제시했던 의견에 따르면 ~

어떤 종류이거나 권위를 빌려오면 내 주장에도 권위가 실린다. 그런데 권위 빌리기가 지식이나 경험 부족의 증거인 것은 아니다. 모든 분야의 만능 권위자가 되는 건 누구에게나 불가능한 일이어서, 천재적인 사람도 다른 이의 권위를 빌릴 수밖에 없다. 가령 물리학자 정재승 교수도 그렇다.

정재승 교수는 한 방송 프로그램에서 이렇게 말을 했다(tvN 〈알쓸신잡〉).

굉장히 유명한 실험이 있잖아요. 캐나다 밴쿠버에….

"이건 유명한 실험이다"라는 표현은 정재승 교수가 방송에서 자주 쓴다. 왜 "유명한 실험"이라며 소개했을까? 방송에서 정재승 교수는 두 가지 이유가 있다고 설명했다. 첫 번째는 앞에서 본 것이다. 유명하다고 해야 사람들이 귀를 기울이기 때문이다. 다른 이유도 있는데 우월해 보이지 않아서 좋다고 한다. 유명한 실험이니까 그걸 아는 내가 잘난 척하지 않게 된다는 것이다. 참 겸손한 이유다.

아무튼 포인트는 물리학 박사인 정재승 교수도 다른 연구자들의 권위를 빌어서 주장을 펼 때가 허다하다는 것이다.

학문적 구속을 받지 않는 자유로운 소설가도 다르지 않다. 한강 작가가 독자를 대상으로 강연을 하는 자리에서 흥미로운 프로젝트를 소개했을 때다(유튜브 채널 〈문학동네〉). 지금 원고를 다 쓰고 책 출간은 95년 후에 하는 프로젝트였다. 이 제안을 받은 뒤 한강 작가는 망설였는데 그 이유는 하나는 이렇게 말했다.

95년 뒤를 누가 알아요? 인류가 남아 있을지 무엇보다 종이책이라는 것이 아직 남아 있을지 아무도 모르잖아요.

저기까지만 들었을 때는 청자는 불안하다. 의문이 생긴다. 종이책은 그렇다고 쳐도 인류가 남아 있을지 불분명하다고? 아무리 존경하는 작가의 말이라도 의심쩍어서 동의하기 어렵다.

예민한 화자는 청자의 생각을 쉽게 알아차린다. 그리고 의심을 씻고 편안하게 만드는 간단한 방법도 안다. 그것은 권위자 인용이다. 한강 작가의 경우에는 유명 역사가의 말을 빌렸다.

95년 뒤를 누가 알아요? 인류가 남아 있을지, 무엇보다 종이책이라는 것이 아직 남아 있을지 아무도 모르잖아요. 유발 하라리는 70년 뒤에 현생 인류는 없어질 거라고 했는데….

유발 하라리를 인용했다. 유명한 역사학자이자 문명 비평가이다. 그는 21세기 말이면 현생 인류가 생물학적 한계를 초월하는 새로운 유형으로 진화하게 될 것이라고 주장했는데, 한강 작가가 그 주장을 끌어왔던 것이다. 이로써 한강 작가의 현생 인류 소멸 주장은 근거를 갖게 되었다. 무슨 말일까 불안했던 청자로서는 안심이 된다. 권위를 빌려 말하면 이렇게 듣는 사람에게 큰 이득이다.

물론 권위 빌리기를 남발하면 앵무새가 된다. 자기 목소리나 독창성이 전혀 없는 존재로 전락하게 되는 것이다. 그런데 누구든 몸의 일부는 앵무새일 수밖에 없다. 현대의 우리는 모두 앵무새와 사람이 섞인 반인반수다. 그게 어쩔 수 없는 건 이 세상에 정보의 양이 너무 많기 때문이다. 정보의 유행 사이클도 지나치게 빠르다. 남이 만든 이론과 주장을 적극적으로 인용하지 않고는 세상을 이해하거나 자기 주장을 하는 게 무척 어려운 환경에 우리는 살고 있다.

그러니 권위를 빌려 말하는 연습을 하는 건 꼭 필요하다. 예를 들어서 아래와 같이 말하는 것이다.

실전 대화 팁

- 이것은 노벨 경제학상을 수상한 학자의 책입니다. (전문가의 권위)
- 뉴욕타임스가 호평을 했다고 합니다. (전문 조직의 권위)
- 이 제품은 세계적인 디자인 상을 수상했어요. (전문 조직의 권위)
- 아이를 서울대에 보낸 나의 친구가 추천하는 교육법이 있어요. (경험자의 권위)
- 이것은 아무도 거들떠보지 않는 워스트셀러 제품입니다. (여론의 권위)

권위를 빌릴 때 반드시 주의할 점이 있다. 신뢰할 만한 권위를 선별해서 의존해야 한다는 것이다. 유명한 유튜버의 주장을 믿고 평생 모은 재산을 주식 투자에 넣는 사람은 불쌍하다. 또 최고 석학의 주장이어도 비전문 분야에 대한 의견이라면 무시하는 게 옳다. 가령 노벨 물리학상 수상자의 최애 레시피는 휴지통에 버려도 아무렇지 않다. 또 자녀를 유명 대학에 진학시킨 부모의 조언을 무턱대고 따르다가는 내 아이의 예술성 씨앗을 망칠 수 있다. 자신이 부적절한 권위에 의존하는지 성찰하는 건 앵무새는 못하고 사람만 할 수 있는 중요한 일이다.

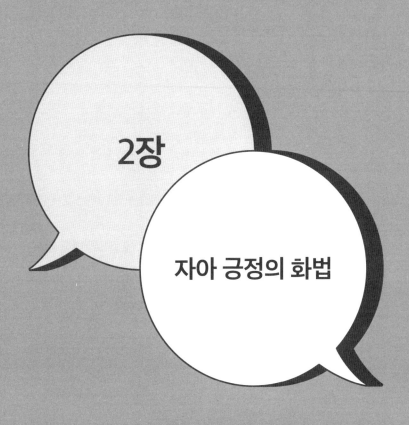

2장

자아 긍정의 화법

자기 긍정과 자기 믿음 없이는 타인과 건강하게 연결될 수 없다. 무라카미 하루키 작가와 김영하 작가와 정재승 교수에게는 세련되고 은은한 자아 긍정 화술이 있다. 보이거나 들리지 않고 슬쩍 지나가버린다. 오랜 훈련 끝에 도달한 경지일 것이다.

4 에토스를 강화한다

무라카미 하루키의 어깨

파토스, 로고스와 함께 중요한 설득 전략인 에토스에 대해서 이야기해보자.

먼저 지나치게 쉬운 문제다. 사람들은 어떤 말을 믿게 될까?

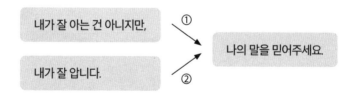

모두 정답을 안다. ②처럼 자신해야 신뢰를 얻는다. 그런데 실제로는 쭈뼛거리는 사람이 많다. 그래서야 냉정한 세상이 존중의 한 조각도 주지 않는다. 알맞은 자화자찬은 미덕이다. 배우기도 어렵지 않다. 비범한 언어 감각 소유자들의 기술적인 자기 과시법을 보고 익히면 된다.

먼저 소설가 무라카미 하루키의 사례다. 그는 2021년 4월 미국 라디오 방송 NPR과 인터뷰하면서 선뜻 믿을 수 없는 자랑을 했다.

나는 인생에서 모든 종류의 이상한 경험을 다 했다.

사실일까. 그게 가능할까. 누구나 살면서 가끔 이상한 경험을 하기 마련이지만 이상한 경험을 종류별로 죄다 경험하는 건 마법사라도 힘들 것 같다. 무라카미 하루키는 크게 과장을 한 것처럼 보인다.

왜 그렇게 과장을 했던 것일까. 에토스를 원했기 때문이다. 파토스, 로고스, 에토스라는 개념을 알면 무라카미 하루키의 자기 자랑 심리를 이해할 수 있다.

알다시피 모두 아리스토텔레스가 사용한 개념들이다. 2천 년이 지났어도 영향력이 큰 그의 설명에 따르면, 설득에는 3가지 전략이 있다. 파토스는 감정적 호소이고, 로고스는 논리적 호소이며, 에토스는 화자의 자격 호소이다.

청중을 설득하려면 먼저 감정에 호소하는 방법이 있다. 바로(이 책 다른 곳에서도 설명한) 파토스 전략이다. 예를 들면 이렇게 말하는 것이다.

- 착하고 귀여운 어린이들이 굶주리고 있습니다. 병들어서 죽어가고 있어요. 우리가 간절히 기금을 모으는 이유입니다.
- 자녀 앞에서 모욕당하면 누구든 분노할 수밖에 없다는 걸 기억해주십시오. 배심원 여러분의 현명한 판단을 기대합니다.

듣는 사람의 감정을 자극하려는 말들이다. 어린이처럼 약하고 무해한 존재를 내세우거나, 모욕감 같은 인간 공통의 정서를 환기시키면 감정이 흔들려서 설득될 가능성이 커진다.

논리적인 설명도 청중을 설득할 수 있다. 로고스, 즉 논리적 호소 전략의 예는 이런 것이다.

- 차별은 잘못이며 누구나 차별받지 않을 권리가 있습니다. 성적 낮은 학생들의 도서관 이용을 제한하는 규칙은 반드시 수정되어야 합니다.
- 원치 않는 일도 기꺼이 할 수 있어야 어른이다. 어른이 되길 원하니? 원하는 일만 하겠다는 생각은 버리는 게 옳다.

사회 정의나 세상의 이치 등 객관적인 기준을 내세워서 주장하는 것이 논리적인 호소 전략, 즉 로고스이다.

마지막으로 에토스는 화자의 자격을 강조하는 설득 전략이다. 화자가 전문성이나 권위가 있으니 믿어달라고 호소하면 청자가 설득될 가능성이 크다.

- 나는 10억 원의 학비를 들어가며 미국에서 의학 박사 학위까지 받았습니다. 나의 말을 믿어야 합니다.
- 제가 이 제품을 판매한 경험이 10년이 넘고 계약 건수는 100건 이상입니다. 저와 계약하는 게 여러분에게도 크게 이로울 것입니다.

위의 주장은 화자가 말할 자격과 권위를 갖고 있다고 주장한다. 모두 에토스 전략을 쓰고 있다.

그러면 앞에서 본 무라카미 하루키의 발언은 무엇을 노린 것일까. "나는 인생에서 모든 종류의 이상한 경험을 다 했다."라고 과장함으로써 그가 얻으려 했던 것은 바로 자격이다. 이상하고 신기한 경험이 많으니까 나는 소설을 쓸 자격이 있다는 뜻이다. 그러니 독자는 소설을 신뢰하며 읽어도 된다는 메시지도 그런 자격 주장의 밑자락에 깔려 있다. 추리하자면 무라카미 하루키의 무의식은 에토스 강화를 위해 과장된 자화자찬을 결심했던 것이다.

이런 과장이 윤리적으로나 상도의에서 문제가 되지는 않는다. 과장은 나쁜 일이 아니라 오히려 의무다. 의심과 가책을 떨쳐버린 후에 자신이 특별한 경험을 죄다 해봤다고 목소리 높여 공언하는 것은 싫어도 해야 하는 작가의 첫째 의무다. 아니면 책을 사서 읽은 독자가 돈과 시간을 허비하게 된다. 작가만이 아니다. "맛없고 부실하지만 제 음식을 사 먹으세요"라고 홍보하는 자영업자가 되어서는 안 된다. 직업이 무엇이건 자신의 에토스를 강화하는 건 신성한 직업윤리다.

무라카미 하루키의 자격 호소는 한 번으로 끝나지 않았다. 인터뷰에서 이런 말도 했다.

사물에 대해서 사실적으로 쓰려고 할수록, 사물의 핵심에 있는 것을 정확히 표현하려고 할수록, 이야기는 기이한 방향으로 흐른다. 글쓰기에 정말로 집중하면 이 세상에서 다른 세상으로 이동하는 듯한 느낌을 받는다. 일종의 통근처럼 거기에 갔다가 돌아온다.

자신이 세상 사람과는 달리 신비하고 놀라운 경험을 매일 한다는 뜻이다. 자신의 자격을 공언하면서 자기 소설을 믿고 읽어야 할 근거를 추가하고 있는 것이다.

물론 무라카미 하루키만 그러는 것은 아니다. 가령 김영하 작가도 자신의 이야기 자격을 슬며시 강조하는 일이 많다.

그가 오은 시인과 함께 독자들 앞에서 북토크를 할 때였다(유튜브 채널 〈문학동네〉). 홍대 문화에 대해 이야기가 나오자 김영하 작가가 이렇게 말했다.

저는 90년대 중반부터 홍대를 다녔고 대학도 그쪽에서 다녔으니까 거기가 어떻게 변화했는지 잘 봤잖아요.

20년 훨씬 넘게 홍대 문화를 목격했다는 말인데 함축이 있다. 오래 지켜봤으니 자신이 말할 자격이 있다는 것이다. 정확히 에토스 전략이다. 자신의 자격, 전문성, 권위, 캐릭터를 강조함으로써 상대를 설득하려는 언어 작전인 것이다.

또 사례가 있다. 김영하 작가가 오상진 아나운서와 북토크를 하는데, 〈미생〉의 윤태호 작가 이야기가 나왔다. 김영하 작가는 언론에서 윤태호 작가의 인터뷰를 읽고 놀랐다면서 이렇게 덧붙였다.

저는 작가로서 한 20년 넘게 살아와서 다른 작가의 인터뷰를 보고 놀라거나 하지 않아요, 잘.

자신은 다른 작가의 발언에 대체로 무덤덤하다는 말인데, 숨어 있는 함의는 역시 분명하다. 나 같은 사람이 놀랐다면 이례적이고 대단한 일이니까 귀 기울이라는 요구가 숨어 있는 것이다.

이름 높은 소설가에게만 에토스가 필요한 것은 아니다. 친구, 가족, 동료 앞에서 사적으로 작은 이야기를 할 때도 똑같이 긴요한 것이 에토스이다. 그러니까 무라카미 하루키나 김영하 작가처럼 어깨를 쫙 펴고 "나는 이 이야기를 할 자격이 있다"라고 은근하게 또는 분명히 말해야 하는 것이다. 예를 들면 이렇게 말이다.

- 내가 별의별 사람을 다 만나봤어. 테레사 수녀 같은 천사부터 성격 파탄자까지 안 만나본 사람 유형이 없어. 내가 알아. 넌 좋은 사람이야.
- 제가 직장 생활은 3년밖에 하지 않았지만, 경험은 아주 많습니다. 특히 실패와 실수의 경험이 남달리 풍부하죠. 지의 이야기를 들어보실래요?
- 나는 고등학교 때부터 11번 사랑하고 헤어져봤다. 내가 보기에 너의 사랑은 벼랑 끝에 서 있는 것처럼 무척 위태롭다.
- 제가 악덕 장사꾼이라는 소리는 단 한 번도 들어본 적이 없습니다.
- 내가 이 주제로 최근에 책을 10권 정도 읽었어요.

사람은 모두가 어떤 분야의 전문가다. 자신만의 고유한 경험 세계 속에 독보적인 전문가로 살고 있다. 내가 무엇을 잘하거나 잘 아는지 파악하고 당당히 밝히는 습관이 내 말의 설득력과 호소력을 높인다. 반대로 내가 무엇의 전문가인지 알지 못하고 내세우지도 못하면 존중과 신뢰를 손톱만큼도 얻기 어렵다. 적절한 자화자찬은 악덕이 아니라 미덕이다.

다음은 연습 문제 차례이다.

연습 문제

파토스, 로고스, 에토스 전략은 알아둬야 하는 것 타인을 설득할 때 유용하기 때문만은 아니다. 설득을 시도하는 상대의 속셈을 간파하는 도구도 되니까 익혀두면 방어력이 높아진다.

▶ 다음 중에서 파토스, 로고스, 에토스에 해당하는 설득은 각각 어느 것인가?

① 엄마는 쉰 살이야. 체험하고 깨달은 게 많아. 엄마의 판단을 믿어 줘.
② 가족이 중병에 걸렸는데 치료비가 없다면 심정이 어떻겠어요? 보험 가입을 주저하지 마십시오. 그게 진정한 가족 사랑입니다.
③ 수십 명의 해외 과학자들이 추가 연구를 해서 이 약품의 부작용은 걱정할 필요가 없다는 걸 밝혀냈습니다. 수입이 허가되어야 마땅합니다.

①은 말하는 사람의 자격을 강조하고 있으니 에토스 설득 전략이고 ②는 가족의 불행을 상상하게 만들어 감정을 휘젓는 게 목적이므로 파토스에 해당한다. ③은 논리적 호소, 즉 로고스이다.

▶ 다음 설득의 전략은 무엇인가?

① 너는 나를 친구로 생각하지도 않니? 이깟 전기 장판 하나 못 사줘? 필요 없다는 소리는 하지 마라. 친구인지 아닌지만 생각해라.

② 내가 이 안마기를 3년 써봤어. 우리 부모님은 5년 넘게 썼어. 꼭 사야 할 최고 제품이야.

①은 파토스에 해당한다. 감정을 흔들어서 설득시키려 하고 있다. 달리 말해 감정적 호소로 경제적 이득을 얻으려 하고 있다. ②는 에토스 설득 전략이다. 안마기 사용 경험이 풍부하니까 화자를 신뢰하고 따르라는 소리다.

▶ 누군가 아래처럼 나를 비난한다고 가정해보자. 각각 어떻게 반격 해야 할까.

① 내가 너의 말에 상처를 받고 눈물을 흘렸다.

② 나는 그런 비난 받지 않을 자격이 있는 사람이다.

③ 너의 비난은 논리적이지도 타당하지도 않다.

①에는 감정을 먼저 식히자고 대응하면 효과적이다. ②에는 화자 비난이 목적이 아니라고 해명하면 되고 ③에는 왜 비논리적인지 물어 보면 된다.

5 조건문으로 자기 자랑하기
김영하의 언어 감수성

듣는 사람을 괴롭히는 말은 어느 것일까?

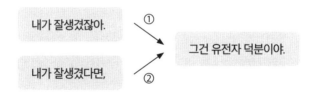

①의 직설법은 폭탄 같은 말이다. 듣는 이가 속터진다. ②의 가정법이 훨씬 좋다. 듣는 이의 속이 터지는 걸 막을뿐더러 화자도 보호하기 때문이다. 이를테면 "너는 참 재수 없는 자아도취증 환자구나"와 같은 반감의 문장이 떠오르지 않게 미리 막아준다.

가정법 자랑의 시범은 김영하 작가가 한 방송 프로그램에서 보여주었지만(KBS〈대화의 희열〉), 그 전에 우리가 먼저 주목할 것은 작가의 부드러운 도입의 말 기술이다. 방송에서 김영하 작가는 이렇게 자문자답하며 이야기를 시작했다.

혹시 이사들 많이 다니셨나요? 서는 선학을 여섯 번 했어요.

이상한 질문과 자답이다. 작가는 상대가 이사를 많이 다녔는지 대답할 여유도 주지 않고 빠르게 자답해서 질문을 닫아버렸다.

그렇게 자기가 질문하고 즉시 대답하는 수사법을 하이포포라hypophora라고 하는데 '자문자답 화법'이라고 부르면 되겠다.

예를 들어보자.

- 이 정부가 지난 5년 동안 한 것이 뭐가 있습니까? 눈꼽만큼도 없습니다.
- 우리가 바보입니까? 아닙니다. 우리가 악당입니까? 그건 더더욱 아닙니다.
- 무엇이 문제입니까? 바로 ~이 가장 심각한 문제입니다.
- 우리는 싸우려고 만나니? 그게 아니잖아. 우리는 사랑해서 만나는 거잖아.

자문자답 화법은 정치 연설장, 직장 프레젠테이션, 연인과의 대화, 글쓰기 어디서나 다 활용할 수 있는 아주 쉬운 수사법이다. 특히 도입부에 좋다. 김영하 작가가 그랬던 것처럼 대화의 문을 부드럽게 열 때 쓰면 편한 것이다.

우리도 하이포포라를 써보자. 예를 들면 이렇게 말하면 된다.

실전 대화 팁

- 요즘 어떤 요리를 많이 하니? 우리는 말이야 ~
- 고민들 많이 없어? 요즘 내 고민은 ~
- 직장 생활 어때? 나는 어제 ~

앞부분의 질문은 루어 질문이다. 낚시 때 쓰는 인조 미끼 같은 것이다. 루어 질문으로 청자의 주의집중력을 유인한 후에 자기가 하고 싶은 이야기를 시작하면 된다. 이런 쉬운 방법을 몰라서 대화의 시작을 주도하지 못하고 입 다무는 사람들이 많다.

다시 전학을 많이 했던 김영하 작가의 인생 스토리로 돌아가자. 그렇게 자문자답으로 대화의 판을 깐 작가는 남다른 경험을 이야기한다. 어린 시절 초등학교 때만 해도 전라도에서 경상도로 또 강원도로 서울로 여섯 번이나 전학을 했다고 한다.

방송 출연자들의 반응은 어땠을까? 안쓰러워했다. 하지만 김영하 작가가 다 예비한 반응이었다.

청자의 마음속에는 이런 생각이 떠올랐을 것이다.

"어린 아이가 그렇게 자주 전학을 다녔다니 얼마나 힘들었을까요? 안됐어요. 안타까워요. 슬픈 이야기를 계속 해주세요."

김영하 작가는 이 뻔한 기대를 채워주지 않았다. 대신 기대를 배신하는 선물을 줬다. 어두운 넋두리가 아니라 밝은 자기 긍지를 내놓았던 것이다.

작가는 잦은 전학이 어린 자신의 언어 감각 발달에 긍정적인 영향을 미쳤다고 본다. 전학을 많이 한 덕에 여러 지역 언어에 많이 노출되었고 그 때문에 언어적으로 민감해졌다는 것이다. 그런데 이때 작가의 정확한 표현이 중요하다. 다음 중 어떻게 말했을까? 딱 한 글자만 다르다. "데"와 "면" 차이다.

① 제가 언어에 약간 민감해졌는데 많은 전학 경험 때문인 것 같아요.
② 제가 언어에 약간 민감해졌다면 많은 전학 경험 때문인 것 같아요.

①은 폭탄 같은 자랑이다. 순간 짜증이 난다. 이를테면 "지가 언어 감각이 민감하면 얼마나 민감하다고?"라는 반감이 솟아오를 것이다. 열혈 팬이라도 그렇게 속이 뒤집히는 걸 막기 힘들다. 사람은 자기 자식의 자기 자랑마저도 거북하니까 말이다. 요컨대 ①은 청자의 속을 터뜨리고 화자가 비난받을 가능성이 큰 망발이다.

②처럼 조건문이면 다르다. "언어가 민감해졌다"가 아니라 "민감해졌다면"이라고 했다. 자신이 언어적으로 민감하다는 자평인지 아닌지 애매하다. 자기 자랑인지 아닌지 모호하다. 그래서 듣는 사람의 속이 뒤집혀지기 어렵다. 화자가 공격받을 가능성도 낮아진다. "제가 언어적으로 민감해졌다면"은 짜증과 다툼을 일으키지 않는 착한 가정법이다. 김영하 작가는 그 표현을 선택했다.

우리도 그렇게 기술적인 가정법을 쓰면 된다. 삶이 아주 편해진다. 예를 들어보자.

실전 대화 팁

- 제가 실력이 좀 나아졌다면 그것은 ~
- 내게 매력이라는 게 있다면 그건 ~
- 제가 여러분의 지지를 원할 자격이 조금이라도 있다면 그것은 ~

절묘한 가정법이다. 인간의 자랑 본능을 채워주면서 인간 관계도 지켜준다. 내가 실력이 있고 매력이 있고 자격이 있다는 자기 자랑을 하면서도 비난받을 가능성은 낮춰준다. 자기 자랑과 관계 보호를 동시에 성취한다. 얼마나 놀라운 말 기술인가. 물론 이런 수준 높은 말 기술을 써온 김영하 작가도 대단하다. 아울러 이 책이 '가정법 말 기술'

의 비밀을 밝혀내어 독자들에게 도움을 줬다면 필자로서는 큰 영광이라고 가정법으로 자랑해본다.

연습 문제

아래의 예문을 자기 자랑 가정법으로 고쳐보자.

① 저는 기여한 게 없고요, 모두 다 팀원들 덕분입니다.
② 내가 매력적이지 않니? 똑똑하고 미모도 대단하잖아.

①은 지나치다. 과공비례라고 했다. 위 예문처럼 공손함이 지나치면 오히려 남에게도 무례이고, 자신의 노력을 무시한 셈이니 자신에 대한 결례이기도 하다. 아래처럼 바꿀 수 있다. 자신이 어떻게 노력하고 무엇을 이루었는지 은근히 그러나 똑똑히 밝히는 것이 포인트다.

- 제가 기여한 게 있다면, 팀원들이 무엇을 원하는지 살피고 도와준 것뿐입니다.
- 제가 도운 게 있다면, 팀원들의 멘탈이 흔들리지 않게 지켜준 것밖에 없습니다.

②도 지나치다. 자기 자랑 욕구가 심각하게 높다. 듣는 사람은 굉장히 괴로울 테고 곧 상대가 싫어질 것이다. 아래처럼 말하는 게 낫다.

- 내게 매력이 있다면, 깊이 생각하려고 노력한다는 정도겠지.
- 나의 외모에 매력이 있다면, 눈·코·입이 적절히 미적 조화를 이룬다는 거 아닐까?

6 자부심을 숨기거나 대체한다

아인슈타인의 전율

다음 중 좀 더 나은 자기 자랑 화법은 어느 것일까?

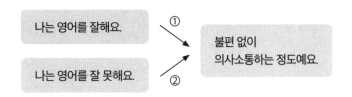

개인차가 분명히 있겠지만 평균적인 한국인이라면 ①을 싫어할 확률이 높다. 한국인은 누가 "나는 ~을 잘한다"라고 말하는 걸 아니꼽게 여기는 집단 심리를 갖고 있다. ②가 사회적으로 용인되는 자기 자랑의 방법이다. 겉으로는 "못해요"라고 고개 숙이면서 은근히 남달리 잘하는 것은 과시하는 화법으로, 우리 사회에서 아주 유용하다.

　　실례를 살펴보자. 인공지능 알파고의 바둑 실력이 화제가 되었을 때 정재승 교수가 〈JTBC 뉴스룸〉에 출연했다.

앵커　　：혹시 바둑은 잘 두십니까?

정재승：동네 하수고요. 그런데 판세 형국을 보거나 수 읽기 정도는 조금 합니다.

　　이상한 말이다. 모순적이다. 동네 하수인데 판세 형국을 볼 수 있다니 앞뒤가 맞지 않는다. 혹시나 동네에 바둑 9단만 모여 사는 것일까. 이를테면 "저는 동네에서 제일 가난하고요. 아파트 세 채밖에 없어요"처럼 이상한 말이다.

　　지구에서 최상위급의 한국어 실력을 가진 정재승 교수는 왜 그렇게 이상한 말을 꺼낸 것일까? 짐작하자면 그것은 자신을 낮추면서 높이기 위해서다. 겸손하면서 동시에 자부하는 것이 목적이었던 것이다.

　　우리 평범한 한국어 실력자들도 따라할 수 있다. 먼저 기본 문형은 이렇다.

"나는 ~이지만 ~이다."

"나는 바둑 동네 하수이지만 판세 형국은 본다"처럼 말하는 것이다. "나는 영어는 썩 잘하지는 못하지만 의사소통은 편하게 한다"라고도 할 수 있다.

여기서 "~이다"의 내용이 중요하다. 굉장히 어렵거나 값진 것을 할 수 있다고 말해야 한다는 걸 기억하자. 가령 "판세 형국 보기'나 "편한 의사소통"은 한다고 말해야 나를 높일 수 있다.

예를 들자면 이렇다.

실전 대화 팁

- 나는 수학을 잘하지는 않지만, 미적분 문제는 틀리지 않습니다.
- 제가 유능한지는 불확실하지만, 상황 분석력이 뛰어나다는 칭찬은 가끔 듣습니다.
- 내가 아주 훌륭한 리더는 아니겠지만, 통찰력이 있다는 평가는 듣습니다.

모두 겸손과 자부를 동시에 성취하는 문장들이다. 여기서 "미적분" "상황 분석력" "통찰력" 등에 주목할 필요가 있다. 어렵거나 값진 것들이다. 이런 단어를 찾아 써야 자기 자랑을 이룰 수 있다. 결국 위의 예문들은 "나는 무능하지만 어려운 것을 해낼 수 있다"가 된다. 자랑하지 않고 자랑하는 복화술 같은 자기 자랑법이다.

정재승 교수의 놀라운 자기 자랑 기술은 하나 더 있다. 말 대체하기다. 가령 "나는 천재이다"를 "어려운 문제를 좋아했다"로 대체함으로써 부드럽게 자기 자랑을 하는 기술이다.

한 방송 프로그램에서 동료 출연자가 질문했다. 자신이 과학 영재로서 재능이 있다는 걸 언제 처음 알게 되었냐는 물음이었다(tvN 〈알쓸신잡〉). 정재승 교수의 답은 이랬다.

재능 있다기보다는 어려운 문제를 풀었을 때 되게 기분이 좋은, 이 마음이 모두가 느끼는 것은 아니라는 걸 알게 됐죠… 초등학교 4, 5학년 정도에.

"나는 천재였다"라고 하지 않고 "나는 어려운 문제를 푸는 게 기분 좋았다"고 말했다. "천재적 재능"을 "좋은 기분"으로 대체한 것이다. 거부감이 큰 표현을 용인 가능성이 높은 표현으로 바꾼 것이다. 그럼으로써 정재승 교수는 남이 불편하지 않게 자기를 자랑을 할 수 있었다.

알베르트 아인슈타인도 비슷하게 자기 자랑을 한 적이 있다. 그는 1935년 미국 프린스턴 고등학교 신문 기자에게 이렇게 말했다(《The Expanded Quotable Einstein》에서 번역 인용한다).

12살 소년일 때 기본 수학을 처음 접하면서 아무런 외적 경험 없이 추론만으로도 진실을 밝히는 게 가능하다는 것을 알고 나는 전율을 느꼈다…. 그리고 자연을 상대적으로 단순한 수학적 구조로 이해하는 게 가능하다고 점점 믿게 되었다.

"12살에 수학 공부를 하면서 전율을 느꼈다"고 말했다. 그 말은 "나는 천재다"로 읽힌다. 사실 "천재"라는 단어를 기피하고 "전율"로 대체했기 때문에 거북하지 않을 뿐 아니라 훨씬 감동적인 자랑이 되었다.

우리도 비슷하게 말할 수 있다.

- 제가 남달리 성실하다기보다는 일을 즐긴다고 말할 수 있습니다.
- 나는 머리가 좋다기보다는 지적 호기심을 느끼면 잠을 자지 않는 타입일 뿐이야.
- 우리 아이가 대단한 천재는 아니야. 책 읽기를 행복해하는 평범한 아이일 따름이야.

연습 문제

아래 빈칸을 채워보자. 정답은 각자만이 알고 있다.

- 나는 완벽한 연인은 아니지만, _____ 이다.

- 나는 훌륭한 엄마는 아니지만, _____ 은 할 수 있다.
- 우리는 부자는 아니지만, _____ 는 갖고 있다.

위는 자랑의 방법을 환기할 뿐 아니라, 자신을 객관적으로 평가하도록 이끄는 문항들이다. 모든 사람은 부족하면서 넘친다. 어떤 점은 열등하고 어떤 점은 월등한 것이다. 객관적 평가를 통해 그 두 가지를 알고 나면 더 세련되게 자기 자랑을 할 수 있을 것이다.

결론을 직접적으로 표현하면 이렇다. 세련되게 자기 자랑을 하면서 살자. 겸손해 보이는 그들도 자기 자랑의 원초적 욕구를 참을 수 없어 몰래 발산하면서 살고 있다.

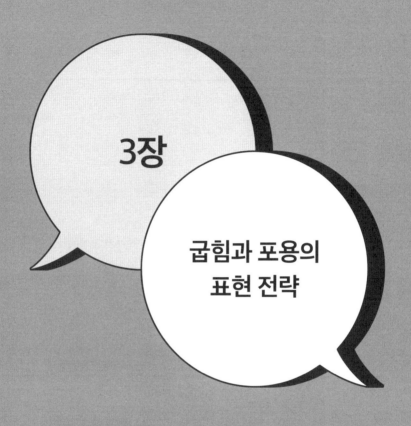

3장

굽힘과 포용의
표현 전략

고래고래 소리만 질러서는 타인을 설득시킬 수 없다는 건 수천 년 전부터
알려진 사실이다. 목소리를 낮춤으로써 공감과 응원과 동의를 얻는 수사
법들이 있다.

7 내 말을 내가 스스로 고친다

F. 스콧 피츠제럴드의 메타노이아

억울하거나 속상할 때 쓰기에 좋은 수사법 이야기다. 예를 들어서 나는 분명히 최선을 다했는데 부모나 직장 상사가 믿어주지 않는다고 하자. 어떻게 말해야 호소력이 커질까?

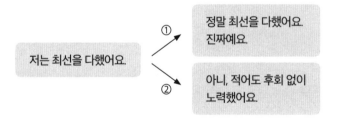

보통은 ①처럼 말한다. 최선을 다한 게 사실이라고 강력히 주장하

며 밀고 나가는 직진 화법을 택하는 것이 일반적이다. 그런데 상대가 믿어줄까? 직진하며 큰소리친다고 나의 설득력이 높아질까? 오히려 손실이 커질 수 있다. 고집스럽다거나 공정하지 않다는 인상도 줄 수 있다. 상대가 고개를 끄덕여도 진심 어린 이해가 아닐 수 있다.

②는 자신의 말을 고쳤다. "최선을 다했다"고 말했다가 "후회 없이 노력했다"로 수정했다. 주장의 강도를 낮췄다. 직진하지 않고 한발 물러선 것이다. 이런 화법은 나에게 이롭다.

왜냐하면 자기성찰적인 사람으로 보이기 때문이다. 또 자신을 공정하게 평가하려고 노력한다는 인상도 준다. 상대가 고개를 끄덕인다면 진심일 가능성이 높다.

②처럼 앞선 자기 주장을 스스로 정정하면, 오히려 설득력이 높아지고 긍정적 인상을 주게 된다. 이런 화법을 메타노이아metanoia라고 하는데, 메타노이아는 기독교에서는 자기 잘못을 정정하는 회개를 뜻하고 수사학에서는 자기 말을 정정하는 화법을 의미한다.

메타노이아는 웬만한 소설에는 다 나오는 표현법이다. 예를 들어 이런 표현이 흔하다.

그의 미소는 오랜만에 아니, 처음 보는 것 같았다.

처음에는 미소를 오랜만에 봤다고 생각했는데 잠시 더 생각해보니 그게 아니었다. 그렇게 생각의 변화 과정을 밝히면 내가 나 자신의 생각을 면밀히 살피는 것으로 비친다. 청자가 공감하고 신뢰할 가능성이 높아진다.

소설에서 많이 보는 자기 말 정정 표현이 또 있다.

나는 그때 내가 행복하다고 믿었다. 하지만 아니었다. 나는 행복한 게 아니라 열망을 포기했을 뿐이었다.

화자는 과거의 판단을 수정했다. 그 결과 글은 시야가 더 넓어지고 성숙해진 사람의 회고처럼 들린다. 자연히 믿음이 간다.

자기 말을 고치는 메타노이아는 2천 년 이전에도 쓰이던 화법이다. 오래된 예로는 히포크라테스가 남긴 말이 있다.

질병에 대해서는 두 가지를 습관으로 만들어야 한다. 도와라. 아니면 적어도 해는 끼치지 말라.

질병에 걸린 사람은 도와줘야 한다. 그런데 최소한 해는 끼치지 말라는 것이다. 자신의 말을 부분 수정했다.

F. 스콧 피츠제럴드도 유명한 예를 남겼다.

그것은 개츠비의 저택이었다. 아니 그보다는, 내가 아직 개츠비 씨를 몰랐으므로, 그 집은 개츠비라는 신사가 거주하는 저택이었다.

《위대한 개츠비》에 나오는 구절을 번역한 것으로, 두 가지 효과를 낳는 표현이라고 평가받는다. "아니 그보다는"이라면서 자신의 말을 고쳤는데, 이로써 진술의 정확도를 높였다. 더 중요한 것은 화자의 변화를 시사했다는 점이다. 과거에는 개츠비를 몰랐으나 이제는 중요한 사실을 알고 있다는 느낌을 준다. 독자는 궁금해질 수밖에 없고, 궁금해지면 몰입하게 된다.

자기 말 정정 화법을 소설에서만 쓰란 법은 없다. 일상의 대화에도 적합하다. 예를 들어서 사랑 고백을 하거나 자신이 운영하는 음식점을 자랑할 때도 도움이 크다. 연습 문제를 풀어보자.

연습 문제

다음의 사랑 고백 두 가지를 비교해보자. 어느 쪽이 설득력이 높은가?

① 내가 너를 가장 사랑해. 누구도 나만큼 뜨겁게 너를 사랑할 수 없어. 나를 받아줘.
② 내가 너를 가장 사랑해. 아니다. 어떻게 사랑에 순위가 있겠니. 다만 지난 10년간 내가 너만 사랑한 것은 분명한 사실이야.

①도 훌륭하다. 하지만 사랑 전쟁의 판세나 상대방의 특성에 따라 ②가 나을 수도 있다. 더 깊이 더 많이 고심한 느낌을 준다.

아래의 두 표현도 비교해보자.

① 이곳이 최고의 음식점입니다. 식재료도 가장 좋은 걸 쓰고 요리 실력도 최상입니다.
② 이곳이 최고의 음식점입니다. 다른 음식점들이 실력이 부족하다는 뜻은 아닙니다. 저희가 고객에게 가장 행복한 경험을 드리려고 애쓴다는 의미입니다.

①은 확신에 차서 말이다. 나쁠 게 없지만 자칫 허세로 들릴 수도 있다. 그런 위험을 피하고 싶다면 ②처럼 한발 물러나는 제스처를 하는 것이 낫다.

끝으로 메타노이아의 정반대 표현법도 있다. 한발 물러나면서 주장을 약화하는 게 아니라, 반대로 한발 더 나아감으로써 주장을 강화할 수도 있는 것이다.

- 너에게는 단점이 있다. 너무 급한 게 문제다. 그런데 아니다. 어쩌면 그게 장점일지도 모른다. 뜨거운 에너지와 열정의 증거인 거다.

- 이만하면 우리 가족은 행복하다. 아니 행복한 게 아니라 축복받았다고 해야 맞다. 가족들 모두 밝은 꿈을 꾸고 있으니 이런 축복이 또 없을 거다.

자기 말을 스스로 정정하는 화법은 의외로 힘이 세다. 겸손하게 뒤로 물러서면 신뢰를 얻는다. 씩씩하게 앞으로 나아가면 신념을 전할 수 있다. 수사학 공부를 하지 않으면 알기 어려운 사실이다.

8 아포리아, 모른다고 말하고 신뢰를 얻는다

이적의 쓰레받기

다음 중 눈길이 가는 문장은 어느 것인가?

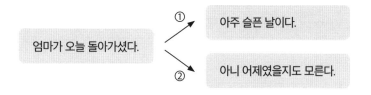

②가 평범하지 않아서 시선이 오래 머문다. 소설가 알베르 카뮈의 이 유명한 구절이 특별한 까닭은 "모른다"에 있다. 화자가 꼭 알아야 할 것을 모르니까 독자는 눈이 휘둥그레진다.

비극적인 상황에 놓인 왕자의 "모른다"도 무척 유명하다. 왕자의 아버지는 작은아버지에게 독살되고, 어머니는 그 작은아버지와 결혼을 했다. 충격적이며 절망적인 상황 속에서 왕자가 한번은 이렇게 독백했다. "죽을 것인가, 아니면 살 것인가? 그것이 문제다."

어찌할지 도저히 몰라서 차라리 사라지고 싶다는 뜻이다. 그렇게 모르겠다고 고백하면 ②처럼 눈길이 갈 수밖에 없다. 듣는 사람은 안타까워서 주목하게 되는 것이다.

일상에서도 "모른다"는 주목 효과가 크다. 가령 연인이 "너와 나의 미래가 어떻게 될지 모르겠다"라고 말하는 건 긴장감을 갖고 바라보라는 강력한 요구다. "내가 왜 이렇게 살고 있나 모르겠다"라고 말하는 친구는 내 마음을 덜컥 내려앉게 만들고 모든 신경을 집중시킨다.

시상식장에서는 스타들이 모른다의 주목 효과를 본다. 길고 지루한 수상 소감을 미리 준비했으면서도 "이렇게 큰 상을 받다니, 뭐라고 말해야 할지 모르겠어요."라고 하소연부터 하는 이들이 가끔 있다. 대중의 시선을 끄는 방법을 익히 아는 것이다.

그렇게 정신이 어디론가 나간 듯이 텅 빈 표정을 짓고 모르겠다고 호소하면 독자와 시청자와 친구가 진심을 갖고 바라본다.

의외의 현상이다. 원래 주목 유발 표현은 정신 실종이 아니라 정신 집중을 요구하는 것들이다.

- 이게 뭘까요?
- 저의 말을 잘 들어보세요.
- 여기에 놀라운 사진이 있습니다.
- 이 그래프는 아주 중요한 의미를 담고 있어요.

까불고 돌아다니는 어린이들이나 지루해서 하품하는 어른 청중들에게 효과적인 주목 유발 표현들인데, 모두 정신을 한 점에 집중시킨다는 공통점이 있다. 그런데 "모른다"는 정반대다. 집중할 대상을 제시하지 않는다. 정신을 흩뜨려놓는 것이다. 그래도 사람들이 주목하니 신통한 일이다.

이 신기한 '모른다' 화법은 수사학적 전통이 깊다. 영어로 아포리아^{aporia}이고, 우리말로는 '나는 모른다 화법' 정도로 부르면 될 이 표현법의 역사는 2천 년도 훌쩍 넘는다.

고대 그리스의 정치가이자 연설가였던 데모스테네스가 기원전 330년에 재판정에서 이런 말을 했다.

나는 당신과 당신 가족에 대해서 알지만 어디에서 말을 시작해야 할지는 모르겠습니다. 당신의 아버지가 노예였고…. 어떻게 다리에 족쇄를 찼고 어떻게 목에 목재 칼라를 둘렀는지 말해야 할까요?

어디서 말을 시작할지 모르겠다고 털어놓았다. 왜 그런 말을 했을까? 정말 몰라서일까? 아니다. 모른다고 말해야 눈이 휘둥그레진 배심원들이 쳐다보기 때문이다. 그리고 주목을 받으면 또 다른 이득이 생긴다. 주목은 동의를 거쳐 설득으로 이어질 수 있는 것이다.

주장을 펼 때는 일단 주목을 받는 게 중요하다. 그래야 설득의 가능성이 조금이라도 열리기 때문이다. 무관심의 벽을 깨뜨리는 방법 중 하나가 아포리아, 즉 '나는 모른다 화법'이다.

기원전 106년에 로마에서 태어난 키케로도 '나는 모른다 화법'의 사례를 남겼다.

> 그가 경솔하게도 그들을 동료들로부터 앗아갔는지, 또는 음탕하게도 그들을 매춘부에게 넘겼는지, 더욱 사악하게도 그들을 로마인으로부터 제거했는지… 나는 확언하지 못하겠습니다.

키케로는 문제의 악행을 목소리 높여 고발해놓고서는 꼬리를 뺐다. 확실하게 말할 자신이 없다고 도망치듯이 말한 것이다. 혼란 속에 빠진 듯이 말했으니 결국 아포리아, 즉 '나는 모른다 화법'을 쓴 것이다. 키케로는 왜 모른다고 말했을까. 이미 우리는 답을 알고 있다. 바로 주목과 설득을 원했기 때문이다.

2022년 5월 한국에서는 가수이며 작가인 이적이 인스타그램 글에 같은 화법을 썼다. 이적 가수가 화장장에 처음 갔을 때였다. 그는 시신 화장이 끝난 뒤에 큰 충격을 받았다고 했는데, 엄숙히 화장한 고인의 유골을 직원이 '싸구려 플라스틱 빗자루와 쓰레받기'로 쓸어 담았기 때문이다. 아마 길거리나 방바닥을 청소하듯이 했을 것이다. 이적 가수는 이렇게 말을 이어간다.

> 고인에 대한 예의와 거리가 멀어 보이는 이 물건들은 어떻게 받아들여야 되나. 이제 육신도 재로 돌아가 이 유골엔 어떠한 정신성도 남아 있지 않다는 단절의 선언? 혹은 그저 참담한 무신경함? 난 아직 그 답을 갖고 있지 않다. 단지 뭔가 더 나은 도구와 방식이 있지 않을까 곰곰이 생각할 뿐.

이적 가수는 "난 아직 그 답을 갖고 있지 않다"고 말했다. 잘 모르겠다는 뜻이다. 그렇게 아포리아 화법을 씀으로써 그는 자신이 큰 혼란에 빠져 있다고 호소할 수 있었고 그런 호소는 공감으로 이어졌다가 마침내 설득으로까지 가닿았을 가능성이 크다.

만일 강력히 확언했다면 어땠을까? 가령 "싸구려 플라스틱 빗자루와 쓰레받기로 유골을 쓸어 담은 것은 참담한 무신경의 명백한 증거이다"라고 주먹 쥐고 외쳤다면 어땠을까? 물론 동의는 충분히 얻었을 것이다. 하지만 독자는 혼란에 빠진 화자에게 연민이나 정서적 일체감을 느낄 기회를 갖지 못했을 것이다. 그건 분명 화자의 손실이기도 하다.

청산유수 웅변만 힘이 있는 게 아니다. 쭈뼛쭈뼛거리는 화법이 웅변을 이길 수도 있다. TV만 봐도 기본 상식도 모르는 척 연기하는 바보 캐릭터들이 인기를 얻을 때가 많다. 우리들 주변에도 판단력이나 논리가 무디기 때문에 오히려 매력 넘치는 이들이 한둘은 있다.

늘 똑부러지게 보여야 하는 건 아니다. 적절한 상황에 적절한 빈도로 "나는 잘 모르겠다"고 말하는 것이 훨씬 이익이다. 주목을 받고 동의를 얻으며 나아가서 정서적 교감도 누릴 수 있기 때문이다. 가령 대상을 받은 연예인이라도 된 것처럼 가끔 이렇게 말하는 것이 좋겠다.

- 어떻게 말해야 할지 모르겠어요. 다만 ~
- 내가 어떻게 해야 할까요? 답을 아는 분이 있나요?
- 나의 의견이 정답인지는 모르겠어요. 하지만 ~
- 나도 잘 모르겠다. 아직 답을 얻지 못했어. 천천히 생각해보자.

이제 이야기의 폭을 넓혀보자. '나는 모른다' 화법은 신뢰와도 관련이 크다. 청자의 믿음을 얻기 위해서는 네 가지 종류의 말을 할 수 있다.

청자의 신뢰를 얻는 네 가지 방법

① 유력한 인용	• "이것은 노벨 문학상도 받은 철학자 버트런드 러셀의 말입니다." • "MIT 과학자들의 유명한 과학 실험 결과를 하나 말씀드릴게요."
② 화자의 자격 과시	• "저는 이 분야에서 20년 동안 일했습니다." • "저는 지금까지 수백 명의 인생을 바꾼 상담가입니다." • "저는 온갖 이상한 경험을 다 해봤습니다."
③ 존중 및 공감의 표현	• "정말 뵙고 싶었어요. 이렇게 만나서 큰 영광입니다." • "여러분들도 이미 다 아시는 것처럼 ~" • "여러분이 자녀 교육 문제로 말할 수 없이 큰 고통을 겪는다는 걸 저는 잘 알고 있습니다."
④ 자기 한계의 인정	• "전문가지만 저도 어쩔 줄 몰라 당황할 때가 많습니다." • "저도 모르는 게 분명히 있습니다." • "저의 의견이 절대적 진리일 수는 없어요. 그런데 ~"

①과 ②는 다른 곳에서 설명한 권위 빌리기와 에토스 강화 방법에 해당하고 ③은 청중과 친밀해지는 말 기술이다. 모두 중요하지만 여기서는 ④가 논의 거리다. 자신의 지적 한계를 인정하는 태도가 신뢰를

부른다. 뭐든 잘 안다고 소리치는 사람이 신뢰를 독점하는 것은 아니다. 운이 나쁘면 허풍으로 의심받을 우려도 있다. 그 반대로 아는 것이 많지만 모르는 것도 있다고 말해야 진실된 사람으로 비친다. 결점을 숨기면 약해진다. 자신의 부족함을 아무렇지 않게 인정하는 강한 사람이 깊은 신뢰를 얻는다.

연습 문제

어려운 문제가 생겼다. 아래 두 가지 말은 어떤 차이를 낳을까?

① 이 문제를 어떻게 해결해야 할까요? 정답을 내가 알고 있어요. 나만 믿으면 됩니다.

② 이 문제를 어떻게 해결해야 할까요? 나에게도 완전한 답은 아직 없어요. 먼저 여러분의 아이디어를 듣고 싶어요.

①은 자신감이 넘치는 발언이다. 확신과 에너지가 느껴져서 좋다. 그런데 외로워질 수 있다. 정답을 독점하고 있다고 확신하는 사람은 외로워진다. 고독하지 않으려면 자신 없는 듯이 말해서 타인의 동참을 이끌어내는 것도 좋은 방법이다. ②의 '나는 모른다 화법'이 참고가 될 것이다.

이번에는 연인 사이의 대화이다. 호소력의 종류가 다르다. 비교해보자.

① 내가 너의 좋은 연인이 될 수 있겠냐고? 난 의심하지 않아. 내가 널 세상에서 가장 행복하게 만들어줄 수 있어. 분명해.

② 내가 너의 좋은 연인이 될 수 있겠냐고? 나는 매일 고민한다. 어떡해야 좋은 연인이 될 수 있을지 나 자신에게 묻고 또 묻는다.

어느 하나가 절대적으로 우월한 고백이라고 말하기는 어렵다. 차이가 있을 뿐이다. ①은 강하고 선명한 이성적 호소력을 갖는다. ②는 '나도 모른다 화법'인데 정서적으로 호소하는 말이다. 내가 절실한 마음으로 깊이 고민한다고 밝히고 있다. ②처럼 여운이 강한 고백을 편애할 사람도 아마 적지 않을 것이다.

철학에서 길 없음 혹은 난제를 뜻하는 아포리아는 수사학에서는 모른다고 말하는 화법을 의미한다. 위에서 봤듯이 효과를 낼 때가 많다. 확신이 설득의 유일한 수단인 것은 아니다.

9 상대가 옳다고 인정해준다

정재승의 긍정과 수다

친구가 지구는 평평하다고 주장했다면 어떻게 말해줘야 할까?

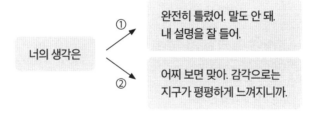

반응 방식에 따라 세상 사람은 두 종류로 나뉜다. 남의 의견에 습관적으로 "아니다"라고 말하는 부정형 인간이 있다. 반면 웬만하면 "맞다"고 받아주는 긍정형 인간도 있다. 후자는 ②처럼 답할 것이다.

누구도 완벽히 맞을 수 없는 것처럼 누구도 완벽히 틀릴 수도 없다. 아무리 허황된 주장에도 긍정해줄 거리가 손톱만큼은 있게 마련이다. 그걸 찾아내서 긍정하고 존중해주는 대화법이 가장 이상적이라고 할 수 있다.

그런 긍정 및 존중 대화의 세계 선수권 대회가 열린다면 물리학자 정재승 교수가 아마 상위권에 오를 것이다. 그는 상대의 반론이나 의문을 하나하나 받아준 후에 자기 주장을 펴는 희소한 사람이다.

〈EBS 초대석〉에 출연했을 때다. 정재승 교수가 뇌과학을 설명하는 동안 진행자가 중간중간 의문과 문제를 제기했는데, 그때마다 정재승 교수는 긍정해줬다. "그래요. 당신 말이 맞아요. 또 말해보세요" 라고 응원하는 것 같았다.

진행자	정재승 교수
(뇌과학이) 사람의 행동을 예측할 수 있어요?	물론입니다.
(설문조사 결과를 근거로 말씀하셨는데) 설문 조사에 거짓말도 많이 해요.	많이 하고요….
뇌는 거짓말을 하지 않는군요.	그래서 거짓말탐지기 분야가 범죄학 분야에서 앞으로 각광받을 수 있을 것 같아요.

(뇌과학을 정치에) 이미 활용하고 있어요?	예. 그렇습니다.
(건축가와 뇌과학 협업의) 결과물이 나오고 있습니까?	예. 그렇습니다. 예를 들면….
이거야말로 경영학 등에서 열심히 하던 분야인데	예, 맞습니다.
(인간이 합리적 의사 결정자라는 전제가) 요즘은 많이 깨졌죠?	예. 많이 깨졌고 대니얼 카네만 같은 사람이 행동경제학이라는 이름으로 인간이 그렇게 합리적이지만은 않다고 얘기를 해도, 여전히 주류 경제학은….
(뇌과학이 발전하면) 사람을 조종할 수도 있는거니까 무섭기도 하고. 그런 생각이 드는군요.	맞습니다. 그런데 이제…
(판단이) 사람마다 다르지 않아요?	사람마다 다르죠. 사람마다 다르고. (그런데) 그 기저에 깔려 있는 보편적 원리…
그것도 (뇌과학이) 찾을 수 있다고요?	물론이죠. 그러니까 예를 들면….

물론 정재승 교수라고 격한 반대를 하지 않을 리는 없다. 방송만 봐도 "그건 아닙니다."라거나 "그건 틀렸어요."라고 강하게 반론을 펼 때가 있다. 하지만 그는 긍정적인 포용 대화에 더 능한 모습을 보인다.

위에서처럼 상대의 말이 맞다고 받아들인 후에 자기 주장을 펴는 것이 방송과 강연과 인터뷰에서 보는 그의 기본 대화 스타일이다.

어떻게 하면 상대의 주장을 널리 긍정하면서 대화할 수 있을까. 세 가지를 버리면 될 것 같다.

먼저 지배욕이 없어야 할 것이다. 상대방의 마음을 내 마음대로 조종하려는 욕심을 접어야 하는 것이다. 상대가 정 지구가 둥글다고 믿겠다면 내가 어쩔 수 없는 일이다. 두 번째로는 조급증도 없어야 한다. 빨리 가능하면 오늘 이 자리에서 나의 주장을 다 말하겠다는 의지를 버리는 것이다. 다음 기회가 분명히 있을 테니까 여유를 가져도 된다. 세 번째로 독점욕도 버려야 하겠다. 내가 홀로 대화를 소유했다는 상상적 주인 의식에서 벗어나는 것이다. 아무리 많아도 대화 지분의 50%만이 내 것이다. 내 마음대로 되지 않는 게 당연하다. 그렇게 인정한 뒤에는 상대를 꺾고 부정하려는 공격적 대화 태도를 접을 수 있을 것이다.

어휘도 기억해야 한다. 상대가 옳다고 말할 때 쓰는 한국어를 영어 단어 외우듯이 기억해둬야 하는 것이다.

동의 수준별 한국어 표현들

일부분 동의할 때	대체로 동의할 때	완전히 동의할 때
• 일리가 있습니다. • 일면 타당합니다. • 그럴듯하네요. • 맞는 것 같아요.	• 맞습니다. • 옳습니다. • 그렇습니다. • 타당합니다.	• 물론입니다. • 전적으로 타당합니다. • 당연합니다. • 의심의 여지가 없습니다.

그런데 정재승 교수는 특유의 언어 능력이 하나 더 있다. 섬세한 호응 능력이다. 상대의 생각이나 감정을 예민하게 파악하고 친밀하게 대응한다는 것이다.

정재승 교수가 라디오 프로그램에서 백만장자에 대한 책을 소개하고 있었다(유튜브 채널 〈SBS 시사교양 라디오〉). 편집한 대화를 먼저 읽어보자.

정재승 : 우리나라에 백만장자가 얼마나 있을까요?

진행자 : (장난스럽게) 제가 아니어서 잘 모르겠네요.

정재승 : (하하하하)

정재승 : (현금자산이 백만 달러 이상인) 그런 분이 우리나라에 20만 명 정도 돼요. 많죠?

진행자 : (유머러스하게) 저는 왜 그 가운데 못 꼈을까요?

정재승 : (하하하하)

위의 대화가 특별히 이상해 보이지 않을 것이다. 문제 될 게 없다. 진행자가 자기 감정을 말하는데 정재승 교수는 웃어넘긴다. 다들 그렇게 한다. 하지만 위 대화는 더 나은 버전과 비교하면 피아노 건반이 군데군데 빠진듯이 어색하다는 걸 금방 알 수 있다. 실제 대화에서는 정재승 교수가 웃기만 한 게 아니라 적극적으로 호응도 했다.

정재승 : 우리나라에 백만장자가 얼마나 있을까요?

진행자 : (장난스럽게) 제가 아니어서 잘 모르겠네요.

정재승 : (하하하하) 백만장자도 나 같은 사람 몇 명인지 몰라요.

정재승 : (현금자산이 백만 달러 이상인) 그런 분이 우리나라에 20만 명 정도 돼요. 많죠?

진행자 : (유머러스하게) 저는 왜 그 가운데 못 꼈을까요?

정재승 : 자꾸 자기를 되돌아보지 마시고요. (하하하하)

정재승 교수는 웃음으로 때우고 넘어간 게 아니라 일일이 반응한다. 진행자가 장난스레 무관심한 척하거나 한탄할 때마다 그러지 말라고 타이르고 위로한다. 상대의 마음을 예민하게 살피고 세심하게 호응한 정재승 교수의 기술이 놀랍다.

이런 세심한 대화를 위해서 필요한 것은 바로 수다 정신일 것이다. '쓸데없는 말을 하겠다는 의지' 말이다. 중요하지 않은 것, 작은 것, 하찮은 것으로 취급되는 잡념, 상념, 기분에 대해서도 속시원히 말하기로 결심하면 수다 정신을 갖게 되는 것이다.

10 주장의 강도와 폭을 조절한다

최재천의 아름다움

최재천 교수는 널리 인정받는 생물학 분야 석학이다. 생명의 신비와 아름다움을 평생 마음 깊이 느끼고 경험했을 것이다. 그런데 그는 좀처럼 자신있게 천명하지 않는다.

최재천 교수가 '생명, 그 아름다움에 대하여'라는 공개 강연을 할 때였다(유튜브 채널 〈SBS Biz 날리지 knowledge〉). 이야기를 어떻게 시작했을까?

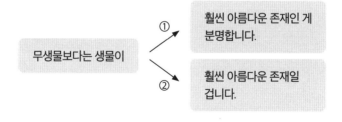

최재천 교수는 정확하게는 이렇게 말했다.

이 세상에 아마 무생물보다는 생물이 훨씬 아름다운 존재일 겁니다.

신중한 어조다. "입니다"라고 단정짓지 않고 "일 겁니다"라고 불확실하게 말했다. "아마"라고도 했다. 최재천 교수는 자기 주장을 약하게 표현했다. 생물을 평생 공부한 학자가 생명체의 아름다움을 확언하길 꺼린 것이다.

최재천 교수는 다른 인터뷰에서도 어조가 강하지 않다. 한 인터뷰어가 인생의 멘토에 대해서 질문하자 "이거야 뭐 정답이라는 게 있을 수는 없는 거잖아요."라면서 자신이 미국에서 겪은 풍부한 경험담을 길게 이야기한다(유튜브 채널 〈스터디언〉). 또 인생 이모작에 대한 조언해 달라는 부탁에는 "이 답은 좀 조심스럽게 해야 될지도 모르겠는데요." 라고 말문을 열었다. 문외한처럼 조심조심 말한 것이다. 최 교수가 《당신의 인생을 이모작하라》라는 책을 쓴 전문가라는 걸 감안하면 조심성이 지나치다 싶을 정도다.

문학가들도 확언을 피하고 신중하게 말하는 사례가 아주 많은데, 한강 작가도 그랬다. 그는 독자들 앞에서 이런 문장을 말한 적이 있다(유튜브 채널 〈문학동네〉).

어쩌면 우리는 행복해지고자 하는 욕망보다 의미를 찾고자 하는 욕망이 더

강한지도 모른다는 생각도 들어요.

'하고자 하는 욕망'이 반복되어서 리드미컬하고 소화하기도 쉬운 문장이 되었는데, 여기서는 반복보다 신중한 태도가 더 눈에 띈다. "욕망이 ~ 강하다"라고 말하지 않았다. "~ 강하다는 생각이 든다"도 아니다. "어쩌면… 강한지도 모른다는 생각도 든다"고 작가는 말했다. 자기 생각을 몇겹의 포장지에 꽁꽁 싸서 내놓았다.

최재천 교수나 한강 작가가 속시원히 강한 주장을 펼 때도 분명히 있다. 이건 틀렸고 저것은 맞다고 똑부러지게 말하기도 한다. 하지만 신중할 때 신중하려고 애쓰는 노력의 크기는 보통 사람과는 비교가 안 되게 크다는 건 사실이다.

주장의 강도를 낮추려고 절제하는 이유는 무엇일까. 습관화된 무의식적 겸양이어서 본인들도 시원히 답하지 못할 테니 우리가 추정해야 한다. 지식인의 신중한 어투의 원인은 두 가지일 것이다.

첫 번째 지식의 불완전성 때문이다. 완전한 지식이 없다는 걸 지식인일수록 더 잘 알고 있으니 섣부른 확언을 기피하게 된다. 두 번째로 청자가 단호한 화자를 경계하기 때문이다. 자칫 독단적이고 성급하다고 의심 받을 수 있으니까 주장의 강도를 약화시키는 것이다.

지식의 불완전성과 청자의 마음을 모르는 이들은 겁도 없이 주장이 시종일관 강하다. 높은 목소리로 설교하고 가르치려 한다. 물론 적절한 자신감과 확신은 미덕이다. 하지만 주장이 강할수록 틀릴 위험이 커진다. 또 우리가 경험하는 것처럼 확신에 찬 인간의 주장은 듣기 괴롭다. 정치나 종교 커뮤니티 밖에서는 대체로 주장이 강할수록 설득력과 호감도가 약해진다.

그래서 주장의 강도를 낮추는 연습이 필요하다. 예를 들어서 아래처럼 표현을 바꾸는 게 좋다.

- 나의 의견은 틀림없이 맞다 → 나의 의견이 맞을 가능성이 높다고 본다.
- 나는 확신하다 → 모두가 동의하지는 않겠지만 나는 믿는다.
- 반드시 이렇게 해야 한다 → 이렇게 하는 게 좋지 않을까?
- 이건 절대 잊지 말아야 한다 → 가능하면 기억했으면 좋겠다.

강한 주장은 약하다. 곧잘 거절되기 때문에 영향력이 낮은 것이다. 반면 약한 주장은 거절하기 어렵다. 최재천 교수와 한강 작가의 것처럼 약하고 조심스러운 말은 우리 마음에 훨씬 잘 들어온다. 주장은 강도가 약할수록 강해질 때가 많다.

김영하와 정재승의 실수

그런데 주장의 강도만 문제가 아니다. 주장의 폭도 조절해야 현명하다. 주장의 적용 범위를 넓힐수록 틀릴 위험이 높아지기 때문이다.

사례를 보면서 이야기해보자. 아래 예에서 언어 감각이 최상급인 김영하 작가와 정재승 교수가 어떤 뜻밖의 실수를 했을까?

먼저 김영하 작가의 경우다. 그는 한 TV 프로그램에서 거실의 독서 공간화를 꾀하던 사회적 유행에 관해 이야기했다(tvN 〈알쓸신잡 3〉). TV를 안방 등으로 옮기고 거실에서는 책만 읽으려는 시도가 유행처럼 퍼졌던 적이 있었는데, 김영하 작가가 보기에는 결과가 좋지 않아 웃지 못할 상황까지 벌어졌다. 작가의 말은 이랬다.

그 결과 어떻게 되었냐면 사람(가족)들이 안방에서 밥을 먹게 되었어요.

TV를 추방했던 사람들이 결국 TV를 좇아서 모여들게 된 것이다. 웃음 나는 인생의 아이러니다. 자연히 방송 출연자들은 폭소를 터뜨렸는데 예외가 한 사람 있었다. 표정이 굳어 있던 그는 물리학자 김상욱 교수였다. 그가 김영하 작가와 나눈 짧고 진지한 대화는 폭소 소음에 묻혔고 음량도 낮게 처리되었지만 귀 기울여 들어보면 분명히 이런 내용이었다.

김상욱 ： (손사래를 치며) 다 그렇지는 않아요.
김영하 ： 다 그렇지는 않아요?

김상욱 교수는 거실의 독서 공간화 기획이 모든 집에서 실패한 듯이 일반화한 게 부당하다고 김영하 작가에게 문제를 제기했던 것이다.

빌미는 김영하 작가가 만들었다. 주장의 폭이 너무 넓었다. 가족이 안방으로 집결한 사례도 있었겠지만 소수의 가족이나마 TV를 멀리하는 데 성공했을 것이다. 이 쉬운 걸 김영하 작가가 몰랐을 리 없지만 잠시 긴장이 풀려서 모든 가족의 예외 없는 실패로 일반화하는 실수를 했고 그게 반론을 불렀던 것이다.

비슷한 경우가 또 있었다. 정재승 교수와 유시민 작가의 대화였다 (tvN 〈알쓸신잡〉).

정재승 ： 생명을 좀 연장하는 것에 대해서는 노욕이라고 하기 때문에 안 좋게 보시는 건데…
유시민 ： 꼭 그런 건 아니에요.

유시민 작가의 말은 모두 그런 생각은 아니라는 의미일 것이다. 여기서도 문제 제기를 유발한 것은 정재승 교수이고 실수의 종류도 위 김영하 작가의 것과 같았다. 생명 연장 시도를 모든 사람이 같은 이유로 비난하는 듯이 일반화한 게 문제다. 다른 이유로 비판적인 사람도 분명히 있을 텐데 말이다.

자기 표현의 관리와 억제에 엄격한 두 사람이 같은 말실수를 저지른 것은 아주 진귀한 사건이다. 두 사람은 자기 주장의 폭을 최대한 넓히고 말았다. 일반화의 유혹을 이겨내지 못했던 것이다.

　　김영하 작가와 정재승 교수는 각각 아래와 같이 주장의 적용 범위를 좁히는 게 좋았다.

- 많은 가족들이 안방에 모여 저녁을 먹었다고 해요.
- 생명 연장이 노욕이라고 보는 분들이 있어요.

　　위와 같이 보편 진술(모든 ~다)이 아니라 통계적 진술(대체로 ~다)를 써서 주장의 적용 범위를 좁혔다면 그들은 논리적으로 더 안전했을 것이다.

　　일반화를 피하고 통계적 진술을 하려면 피해야 할 단어들이 있다. 예를 들어서 언제나, 누구나, 어디서나 이 세 가지의 사용 빈도만큼은 줄이고 대체 표현을 쓰는 게 좋다.

- 언제나 → 어떤 때에는, 많은 경우에
- 누구나 → 어떤 사람에게는, 많은 사람들이
- 어디서나 → 몇몇 군데에서는, 많은 곳에서는

　　가령 누군가를 비판하는 상황을 가정해보자. 확률적 표현을 써서 주장의 적용 범위를 제한해야 갈등이 커지지 않는다.

① 너는 항상 그렇다.

② 너는 자주 그렇다.

③ 너는 가끔 그렇다.

①보다는 ②와 ③이 낫다. ①은 상대의 반감을 부른다. 그런 말을 들은 자녀, 부하 직원, 친구 등 대부분이 반발하고 당신을 미워하게 될 것이다. 주장의 적용 범위를 넓힌 것뿐인데, 쌓이면 결과가 심각해질 수도 있다.

자신을 평가할 때도 적용 범위의 제한이 중요하다.

① 누구나 나를 미워한다.

② 어떤 사람은 나를 미워한다.

③ 그 사람은 나를 미워한다.

①은 근거가 없다. 누구나에게 예외 없이 미움을 받는 사람은 존재할 수 없는 것이다. ② ③처럼 폭을 좁히는 게 합리적이고 실용적이다. ①처럼 주장의 적용 범위를 최대화하면, 반성과 개선의 방향을 찾을 수 없을 뿐 아니라 자기 정체성에도 무척 해롭다.

요약해보자. 보통 주장의 폭은 설득력과 반비례한다. 앞서 설명했듯이 주장의 강도도 설득력과 반비례한다. 주장의 폭을 좁히고 강도를 약화시키는 게 설득력을 높이는 길이다.

물론 일반론을 강하게 내세워야 할 때도 있다. 도덕, 정의, 권리 등 가치에 대해서 이야기할 때다. 그리고 정치 지도자 같은 리더의 말도 단호하고 폭넓은 일반론이어야 한다. 매체도 중요하다. 독자에게 속도 조절권과 중지권이 있는 글은 말보다 더 선명해도 괜찮다.

하지만 실시간으로 귓속에 쏟아져 들어가는 일상의 말은 달라야 한다. 말의 주장 강도와 적용 범위가 심하게 강하고 넓으면 청자가 괴롭다. 청자는 어떻게든 불편한 말을 밀어내거나 피하려고 애쓰게 된다. 가령 "나는 이것을 확신한다. 여러분도 믿어야 한다."고 외치면 청자는 불신부터 한다. 주장의 적용 범위가 지나치게 넓어도 청자는 피하고 싶다. 예컨대 "이것이 예외 없는 규칙이다"라는 말을 들은 청자는 예외부터 생각하게 되는 것이다.

슬기로운 화자는 자기 주장의 강도와 적용 범위를 조절한다. 그래야 애써 한 자신의 말이 쓰레기통으로 버림받지 않는다는 걸 익히 알고 있다.

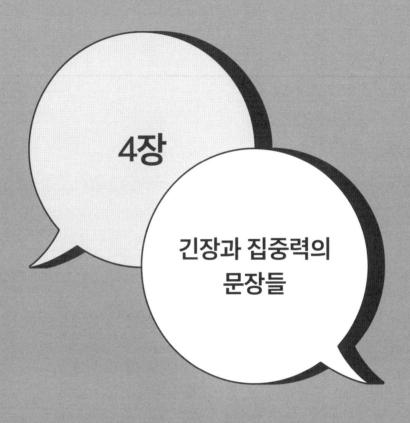

4장

긴장과 집중력의
문장들

대화 시공간의 주인공 자리를 차지하는 네 가지 방법이 소개된다. 달리 말하면 주의 집중력을 이끌어내는 언어 기술들이다. 듣는 사람 입장에서는 덕분에 기대감과 호기심과 득의감을 느끼게 된다.

11 서스펜스를 일으킨다

김훈이 글을 쓰는 이유

청혼받은 사람의 두 가지 반응을 비교해보자.

①은 절망감을 낳을 게 분명하다. ②라고 답하면 청혼자의 마음에는 무엇이 생겨날까? 서스펜스다. 알 수 없는 결과를 기다릴 때의 긴장감이 서스펜스다.

말하자면 서스펜스의 두 조건은 불확실성과 기다림이다. 언제 어떤 일이 일어날지 모르는 불확실한 상황인데, 내가 할 수 있는 건 기다리는 것뿐일 때 서스펜스가 생긴다.

예를 들어서 깜깜한 밤에 숲을 헤매던 주인공이 낡은 저택으로 들어갔다. 사람은 아무도 없는 것 같은데 위층에서 소리가 들린다. 울음소리 아니면 뭔가 삐걱거리는 소리 같다. 주인공에게는 어떤 일이 일어날까. 불확실하다. 그런데 당장 알 수도 없다. 기다려야 한다. 독자 또는 시청자는 주인공이 계단을 하나하나 밟고 올라가 느릿느릿 살펴보다가 살해되거나 진상을 밝힐 때까지 긴장하고 기다려야 한다. 그때 가슴속 뭉클한 긴장감이 서스펜스다.

미스터리와 서스펜스는 장르 속성이 겹치지만 무리해서라도 나누면 서스펜스의 뜻이 더 명확해진다. 미스터리 소설은 보통 범죄자가 큰 범행을 저지르고 시작되지만, 서스펜스 장르에서는 범죄자의 결정적 범행이 주로 후반부에 일어난다. 서스펜스 장르 독자는 언제 어떤 일이 일어날지 몰라 긴장하는 쾌감을 맛보게 된다.

청혼을 하고 기다리는 사람의 마음속에도 서스펜스가 자란다. 연인이 청혼을 받아들일지 거절할지 모른다. 청혼에 화가 나서 당장 헤어지자고 할 수도 있다. 답변 내용만 아니라 시점까지도 알 수 없다. 하지만 내가 할 수 있는 것은 묵언 대기뿐이다. 불확실한 결과를 기다리면서 긴장하는 청혼자는 서스펜스에 휩싸여 있는 것이다.

일상 대화에서도 서스펜스를 일으키는 게 가능하다. 위에서 말한

두 조건을 충족시키면 된다. 불확실성과 기다림이다. 그 두 조건을 만드는 방법은 뭘까. 가장 중요한 것을 말하지 않고 최대한 지연시키면 된다. 서스펜스 레시피의 핵심은 결론 유예다. 가령 이렇게 말하면 된다.

실전 대화 팁

- 그 무례한 직장 상사에게 내가 뭐라고 했냐면… 이렇게 말했어.
- 음식 맛이 어떠냐고? 그게 한마디로 말하기는 어려운데…
- 내 의견이 뭐냐고…? 음… 시간을 좀 줄 수 있겠니?

모두 대화 상대를 숨죽이고 긴장하게 만드는 말들이다. 중요한 정보의 노출 시점을 늦춰서 불확실성과 기다림을 유발한 효과다.

그런데 굳이 서스펜스를 일으켜서 뭐에 쓸까? 먼저 대화 상대자에게 즐거움을 줄 수 있다. 궁금하게 만들었다가 천천히 답을 알려주면, 상대는 위기에서 구출된 듯한 쾌감을 느낀다.

말하는 나도 이득이 있다. 주목받는 기쁨을 느끼게 된다. 또 재미있게 이야기하는 능력을 인정받을 수도 있다. 서스펜스 화법은 청자와 화자 모두에게 이로운 것이다.

문인도 말하거나 글을 쓰면서 서스펜스를 만든다. 아래의 예는 레프 톨스토이가 쓴《세바스토폴리 이야기》영문판에 나오는 문장을 번역한 것이다.

> 내 영혼의 모든 힘을 다해서 사랑했고 그 모든 미를 남김없이 묘사하려고 분투한 내 이야기의 주인공이 있다. 지금까지 아름다웠고 지금도 아름다우며 미래에도 아름다울 그것은 바로 진리이다.

'진리'를 가장 끝에 공개했다. 읽는 사람은 톨스토이가 그렇게 극진했던 것이 무엇인지 알고 싶은데, 톨스토이는 최대한 미룬 후에야 알려준다. 독자는 불확실성(도대체 그것은 뭘까?)과 기다림(언제 듣게 될까?)을 겪은 후에야 답을 듣게 된다. 서스펜스 배양의 최적 환경이다.

만일 톨스토이가 결론을 미리 드러냈다면 어땠을까? 그렇다면 문장은 이랬을 것이다.

> 내 이야기의 주인공은 진리이다. 나는 진리를 영혼의 모든 힘을 다해 사랑했고 그 모든 미를 남김없이 묘사하려고 분투했다. 진리는 아름다웠고 아름다우며 아름다울 것이다.

서스펜스가 없다. 읽는 재미도 대단치 않다. 가장 중요한 걸 노출하고 시작했기 때문이다. 이러면 맥이 풀린다. 중요한 걸 최후까지 숨겨놓아야 독자가 더 즐겁다.

김훈 작가는 TV 시청자들을 대상으로 서스펜스를 일으킨 적이 있다. 2015년 〈JTBC 뉴스룸〉에 출연한 그는 글을 쓰는 이유에 대해서 이렇게 말했다.

내가 글을 쓰는 목적은, 나는 내 글로 여론을 형성하는 데 ⓐ 기여해야겠다는 목표나 ⓑ 그런 허영심을 갖고 있지 않아요. ⓒ 나는 그럼 왜 글을 쓰느냐? 나는 오직 나 자신을 표현하기 위한 목적이 있어요.

ⓐ ⓑ ⓒ에서 김훈 작가는 2초가량 말을 쉬었다. 작가가 띄엄띄엄 말하는 동안 시청자는 무슨 말이 나올지 애타는 마음으로 기다리게 된다. 김훈 작가는 글쓰기의 목적을 최대한 미뤘다고 맨 나중에야 밝혔다. 그런 문장의 배열은 무의식적으로 계산하여 만든 것이다. 서스펜스를 일으켜 집중의 대상이 되는 것이 그런 배열의 목적이었을 것이다.

그런데 김훈 작가의 말이 끝난 게 아니다. 그는 두 번째 목적까지 밝힌다.

나 자신의 진실, 나의 슬픔과 고통과 기쁨… 그런 것들을 표현하고자 하는 목적이 있고, 또 하나의 소망은 내가 나의 진실을 표현함으로써 그것을 남에게 이해받고 싶다는 욕망도 사실은 있어요.

글을 쓰는 두 번째 목적도 단락의 최후에야 드러난다. 핵심을 끝까지 미루는 작가의 언어 기술 때문에 시청자는 딴 데 정신을 팔 수 없게 된다. 작가가 대중의 주의 집중력을 흡인했다. 가장 중요한 것의 노출을 유예하면서 서스펜스를 일으킨 결과이다.

서둘러서 모든 걸 털어놓는 사람은 바보다. 살 날을 한참 남겨놓고 자식들에게 재산을 다 물려주고는 뒷방 늙은이 신세가 되는 부모가 그렇고, 데이트 첫날 마음의 비밀을 남김없이 털어놓는 청년도 바보다. 말을 할 때도 천천히 노출해야 한다. 톨스토이나 김훈 작가처럼 끝까지 유예할 수는 없어도 핵심의 노출을 가능한 한 지연시켜야 서스펜스가 생겨 나의 말은 물론이고 무엇보다 나 자신까지 소중해진다.

연습 문제

두 개의 표현 중에서 어느 것이 집중력을 유지할 수 있을까?

① 너의 자기 연민이 문제다. 그것이 너를 고통스럽게 만들고 주변 사람이 한숨 짓게 만든다.
② 너를 고통스럽게 만들고 주변 사람이 한숨 짓게 만드는 그것이 뭔지 아니? 바로 너의 자기 연민이야.

①도 분명히 충고의 효과를 낼 것이다. 그런데 ②가 집중력을 더 높이는 것도 사실이다. 키워드를 최후로 미루었으니 몰입을 부르고 남은 기억이 선명하게 만들 것이다.

이번에는 칭찬이다.

① 너의 낙관적 태도는 훌륭해. 덕분에 너는 눈부신 사람이 되고 친구들도 행복해진다.
② 너를 눈부시게 만들고 친구들까지 행복하게 만드는 너의 장점, 그것이 뭔지 아니? 바로 너의 낙관성이야.

상대가 산만하다면 ①보다는 ②가 낫다. 집중과 감동을 낳을 가능성이 더 크기 때문이다.

아래는 데일 카네기의 글을 번역한 것이다. 기대감 내지 긴장감은 어디에서 오는지 설명해보자.

나는 여름 동안 메인주에서 낚시를 자주 갔다. 나는 개인적으로 딸기와 크림을 무척 좋아하는데, 이상한 이유로 물고기들이 벌레를 좋아한다는 사실을 알게 되었다. 그래서 낚시를 할 때는 내가 원하는 것에 대해서는 생각하지 않았다. 나는 물고기들이 원하는 것에 대해 생각했다. 나는 딸기나 크림을 낚싯바늘에 미끼로 끼우지 않았다. 대신 물고기 앞에 벌레나 메뚜기를 매달아 흔들며 말했다. "이거 먹고 싶지 않니?"

이 상식을 사람 낚을 때 쓰지 않을 이유는 뭔가?

작가의 비유와 유머는 웃음을 준다. 또 기대감을 일으키고 궁금하게 만들어서 독자를 흡인하는 힘이 강한 글이다. 이야기의 핵심을 맨 끝으로 미뤄놓은 구성이 낳은 복합적 효과라고 할 수 있다.

12 '~가 아니라 ~이다.'라고 주장한다

프리드리히 니체의 벌레

어느 말이 더욱 명료한가?

①이 무슨 뜻인지는 충분히 알겠다. 그런데 ②와 비교하니 선명함이 약하게 느껴진다. ②가 훨씬 분명하다. 그것은 부정 표현 그러니까 "~가 아니라" 덕분이다. 긍정만 한 번 하는 것보다는 부정 + 긍정이 더 강하다. 즉 "~이다"보다는 "~이 아니라 ~이다"가 뚜렷한 것이다.

예를 하나 더 살펴보자. 영어권 인터넷에서 유명한 경구다.

① 결혼을 불행하게 만드는 것은 우정의 결핍이다.
② 결혼을 불행하게 만드는 것은 사랑의 결핍이 아니라 우정의 결핍이다.

두말할 것도 없이 ②의 뜻이 분명하다. "~이 아니라" 덕분에 의미가 선명해졌다.

부정＋긍정 표현의 기본 문형을 알 수 있다.

A는 B가 아니라 C이다.

예는 인류 역사를 통틀어 많아도 아주 많다.

- 일이 어려워서 우리가 도전하지 않는 게 아니다. 우리가 도전하지 않기 때문에 일이 어렵다. (세네카)
- 용기는 두려움이 없는 상태가 아니라 두려움을 이기는 힘이다. (작자 미상)
- 침대는 가구가 아니다. 침대는 과학이다. (광고 카피)
- 가장 강한 종이 생존하는 게 아니다. 가장 지적인 종이 생존하는 것도 아니다. 변화에 가장 잘 반응하는 종이 생존한다. (찰스 다윈)

위의 예 중에서도 찰스 다윈의 문장이 유명하다. 생존을 위해 긴요한 것은 힘이나 지능이 아니라 변화 적응성이라는 주장인데, 조직이나 개인의 생존법까지 설명해주는 경구로 재해석될 수 있어서 인기가 높다.

같은 유형이면서 마음을 달래주고 지혜를 주는 경구도 있다.

- 가난한 사람은 너무 적게 가진 사람이 아니라 너무 많이 욕망하는 사람이다. (키케로)
- 사람은 사건 자체가 아니라 사건에 관한 판단 때문에 괴로워한다. (에픽테토스)
- 시간 속이 아니라 현재 속에 있어야 사람은 행복하다. (루트비히 비트겐슈타인, 1916년 7월 일기)

철학자 프리드리히 니체도 같은 유형의 인상적인 말을 남겼다.

- 벌레가 쏘는 것은 원한 때문이 아니라 살기 원해서다. 비평가도 똑같다. 그들은 우리의 고통이 아니라 피를 욕망한다. (프리드리히 니체)

니체는 비평이 무척 괴로웠고 비평가가 아주 싫었던 모양이다. 그는 비평가를 벌레에 비유·폄하함으로써 마음의 위안을 얻은 것 같다. 비평가도 살아보려고 어쩔 수 없이 비평을 쏟아낸다는 설명이다. 어쩌면 우리를 헐뜯는 주변의 험담꾼들도 비슷할지 모른다. 나를 해치기 위해서가 아니라 자기도 살아보려고 열내며 비난하고 떠드는 그들은 불쌍하다. 그렇게 연민하면 마음이 조금 나아진다.

다시 주제로 돌아가자. 여기서 의문이 생길 수 있다. 그런데 왜 그렇게 많을까? "A는 B가 아니라 C이다"라고 말하는 사람이 왜 허다할까? 그 표현이 뜻을 정의하는 데 아주 효과적이기 때문이다.

먼저 정의하는 방법은 4가지로 나눌 수 있다.

① 사전적 정의	• 사랑은 누군가를 깊이 아끼는 마음이다. • AI는 사람이 인공적으로 만든 지능이다.
② 비슷한 말을 이용한 정의	• 사랑은 이끌림이고 그리움이다. • AI는 결국 컴퓨터 프로그램이다.
③ 반대말을 이용한 정의	• 사랑의 반대는 미움이다. • AI는 사람과 동물의 지능 등 자연이 만든 지능의 반대 개념이다.
④ 범주를 이용한 정의	• 사랑은 교감, 기쁨, 즐거움, 경외, 영감 등과 함께 긍정적 감정에 속한다. • 사람과 대화하는 챗봇, 인터넷 자료를 찾아주는 검색 엔진, 개인별 콘텐츠를 추천하는 알고리즘, 자동차의 셀프 드라이빙 기능이 AI에 속한다.

개념을 정의할 때 대부분 4가지의 기본 방법을 쓴다. 그런데

"~가 아니라 ~이다" 화법은 복합적이다. ③과 ②를 합친 효과를 보는 것이다. 상반된 개념과 유사한 개념을 동시에 제시함으로써, 뜻을 뚜렷하게 만들어 전달할 수 있는 말 구조이다. 그런 탁월한 명료성 때문에 "~가 아니라 ~이다"를 즐겨 쓰는 이들이 많았던 것이고, 앞으로 수백 년 동안의 인기까지 보증되었다고 볼 수 있는 것이다.

연습 문제

▶ 자신을 돌아보게 만드는 문장들이다. 빈칸을 채울 수 있는 단어를 생각해보자.

나는 _____ 이 아니라 _____ 을 좋아한다.

내가 싫어하는 게 무엇이고 좋아하는 건 또 뭔지 명확히 밝히는 문장이다. 음식 종류, 영화 장르, 선물 종류, 휴식 방법 등 무엇이건 내가 호·오를 뚜렷이 말하면 삶이 편해진다. 아래 문장도 같은 역할을 할 수 있다.

- 내가 사랑하는 것은 너의 _____ 이 아니라 _____ 이다.
- 나는 _____ 아니라 _____ 을 용서한다.

- 내가 이루려는 것은 _____ 이 아니라 _____ 이다.

내가 어떤 것을 가장 사랑하고, 어떤 것은 용서할 수 없으며, 어떤 것은 꼭 이루고 싶다고 표명하고 다짐하는 말 습관이 우리에게 필요하다.

▶ 유명한 사람들이 남긴 유명한 말이다. 빈칸을 채워보자.

- 행복은 의식적인 행복 추구에 의해 성취되지 않는다. 행복은 보통 다른 활동의 _____ 이다. (올더스 헉슬리)
- 우리는 날들을 기억 못 한다. 우리는 _____ 기억한다. (체사레 파베세)
- 활기는 지속하는 능력뿐 아니라 _____ 능력에서 발견된다. (F. 스콧 피츠제럴드)
- 지적 능력의 진정한 표식은 지식이 아니라 _____ 이다. (알베르트 아인슈타인)

답은 차례로 '부산물' '순간들을' '다시 시작하는' '상상력'이다.

13 가장 쉬운 방법을 알려준다
유현준의 디자인 감각

듣는 사람을 기쁘게 만들 말은 어느 것일까?

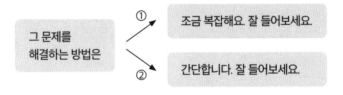

①은 마음을 무겁게 한다. 겁이 나서 더 듣기도 싫어진다. 대부분 사람은 ②처럼 해결책이 간단하다고 말해주면 기쁘다. 복잡한 정보를 즐기는 전문가라면 모를까 보통 사람과 대화할 때는 철칙이 있다. 간단하고 쉽다고 말해줘야 한다. 고객, 친구, 상사, 동료, 자녀, 부모 등

모두가 똑같이 원하는 것은 간단한 해결책이다.

　건축가 유현준 교수가 그것을 잘 알고 있다. 건축 전공 대학생들과 대화를 나누는 자리였다(유튜브 〈삼성물산 건설부문 공식 채널〉). 한 학생이 디자인 센스가 부족하다는 혹평을 들어서 고민이라고 하자 유현준 교수는 이렇게 조언했다.

　딴 거 없는 것 같고요. 디자인이 잘 됐다고 하는 것을 자주 보는 수밖에 없는 것 같아요.

　단언하지 않았다. "틀림없다"가 아니라 "~같다"라고 조용히 말했다. 하지만 메시지가 약하지 않다. 그건 유현준 교수가 딴 거는 없다고 했기 때문이다. 유일무이한 방법을 알려주겠다는 뜻이다. 그 방법이란 좋은 디자인에 많이 노출되는 것이다. 그것 하나면 된다고 한다. 정말 쉬울 것 같다. 유혹적이다.

　유현준 교수는 더 구체적이고 보다 쉬운 방법을 추가한다.

　저도 마찬가지로 되게 많이 부족하다고 생각하거든요, 디자인 센스가. 그걸 업그레이드시키기 위해서 저만의 방법이 뭐가 있냐면 할리우드 블록버스터 영화를 보러 가요.

　마블 영화 등 "세계에서 가장 재능 있는" 사람들이 만든 영화의 디자인을 보고 나면 자신의 디자인 감각이 높아진다는 것이었다. 영화만 보면 그렇게 큰 성과를 얻을 수 있다니 듣는 사람은 감탄한다. 행하기는 아주 쉽고 효율은 대단히 높은 비법인 것 같다. 그걸 찾아 알려주니 유현준 교수에게 고마워진다.

유현준 교수처럼 수많은 방법 중에서 가장 쉬운 것을 하나 골라서 탁 제시하는 능력은 통쾌하다. 꽉 막혀 있던 고속도로가 뚫리는 시원함을 느끼게 한다. 깜깜한 숲에서 발견한 출구 이정표처럼 감격스럽고 고맙다.

물리학자 김상욱 교수도 같은 부문에서 유능하다. 그는 굉장히 위험한 상황에서 벗어날 간단한 비책을 알려준 적이 있다(tvN 〈알쓸신잡 3〉).

많은 분이 모르시는 것 중 하나가… 사실 방사성 물질은 어디에나 있어요…. 자연 방사능이 어디에나 있어서, 결국 인간은 20%가 암으로 죽어요. 피할 수가 없어요. 건물이 있다면 다 방사능이 있다고 봐야 해요.

무서운 이야기다. 지금도 방사능이 우리 피부를 뚫고 들어와 암 발병 확률을 높이는 것 같은 느낌이 든다. 어찌해야 하나? 두려움을 일으킨 김상욱 교수는 단순명료한 해결책도 알려준다.

그런데 창문을 열어놓으면 어떤 상황에서도 방사능 수치는 바닥으로 떨어져요.

"어떤 상황에서도"라고 했다. 만능 방법이라는 뜻이다. 환기만 시키면 방사능의 위험에서 훨훨 벗어날 수 있다고 했다. 이처럼 쉽고 효율적인 방법이 또 있을까. 김상욱 교수에게 저절로 고마워진다. 그처럼 단순명료한 해결책을 제시한 화자가 가장 큰 감사와 존중을 받는다.

그런데 건축 디자인이나 자연 현상만 복잡한 게 아니다. 대인 관계도 복잡계다. 이 분야에서도 역시 단순한 해법을 제시하는 이가 환영받는다.

대인 관계의 최고 권위자 중 하나는 데일 카네기이다. 그는 60여 년 전에 세상을 떠났지만, 그의 저서들은 여전히 한국을 비롯해 세계적인 스테디셀러다. 인기의 비결은 여러 가지다. 압축적인 표현력과 적절한 예시 능력이 돋보이는 게 사실이지만, 무엇보다 간단하고 쉬운 해결책이 인상적이다.

예를 들어서 데일 카네기는 이런 말을 했다.

그들 자신에 대해서 이야기하면 사람들은 몇 시간이라고 들을 것이다. 친구를 만들고 싶다면 기쁨과 열정으로 인사하라.

상대방에 대해 이야기하는 건 어려운 일이 아니다. 또 기쁘게 인사하는 일은 간단하다. 그렇게만 하면 친구를 얻게 된다고 데일 카네기는 말한다. 적은 노력으로 큰 결과를 얻을 수 있다는 설명이기 때문에 솔깃하다.

또 다른 예를 보자.

- 관심을 받고 싶다면 관심을 가져라.
- 누구도 지시받는 것을 좋아하지 않는다. 직접 지시하는 대신에 질문을 하라.

내가 관심을 보이면 사람들이 나에게 관심을 갖게 된다. 지시가 아니라 질문을 하면 사람들이 나를 좋아하게 된다. 너무나 단순하고 쉽다. 그런 간단한 비책을 알려준 데일 카네기가 고맙고 존경스럽다. 쉬운 방법을 찾아서 말하는 능력이 데일 카네기의 인기 비결 중 하나일 것이다.

$E=MC^2$의 뜻을 모르면서도 많은 사람이 공식을 기억한다. 단순하고 쉬워서다. 사람들은 쉬운 것을 주목하고 수용하고 기억한다. 복잡한 문제의 쉬운 해결책을 갈망한다. 그러니 이렇게 말하는 게 좋다.

실전 대화 팁

- 복잡하지 않아요. 어렵게 생각하지 마세요.

- 아주 쉽지는 않지만, 아주 어려운 것은 절대 아닙니다.
- 다른 것은 잊으셔도 됩니다. 이것 하나만 생각하시면 됩니다.
- 걱정 마세요. 어렵지 않은 해결책이 분명히 있을 거예요.
- 문제를 단순화하면 핵심이 보일 거예요.

어렵지 않다고 말해야 한다. 남에게도 그리고 자신에게도 쉽다고 이야기해줘야 한다. 그래야 어려운 것도 쉬워진다.

이제는 간단한 연습을 해보자.

연습 문제

▶ 빈칸을 채워보자. 아주 쉬운 해결책이어야 한다.

당장 자신에게 줄 수 있는 선물이 있다. _____ 가 그것이다.

"당장 자신에게 줄 수 있는 선물이 있다. 일을 멈추고 심호흡을 10번 하는 것이다"가 가능하다. "사랑하는 사람 또는 반려동물의 사진을 본다"도 괜찮고 "10년 후의 내 모습을 상상한다"도 가능하다. 모두 쉽고 효율적인 방법들이다.

《아주 작은 습관의 힘》을 쓴 제임스 클리어는 2022년 5월 19일 자 뉴스레터에서 이렇게 말했다.

당장 당신에게 줄 수 있는 선물 하나. 지금 하고 있는 일을 멈추고 눈을 감는 다. 그리고 60초 동안 호흡만 한다.

아주 쉽고 간단한 방법이다. 쉽고도 효율 높은 길을 찾아서 소개 하는 능력이 제임스 클리어를 최고의 대중 작가로 만들었다.

▶ 아래의 빈칸을 채워보자. 나와 주변의 행복 수준을 높일 길이 보 일 것이다.

- 사랑하는 사람을 행복하게 만들 수 있는 가장 간단한 방법은
  _____ 이다.
- 자금 나의 불행감을 씻어낼 최고의 방법은
  _____ 이다.

만인 공통의 정답은 없다. 각자 선호하는 답을 골라 채우면 된다.

14 유일한 걸 알고 있다고 말한다

유발 하라리의 돈 이야기

듣는 사람을 들뜨게 만드는 질문은 어느 것일까?

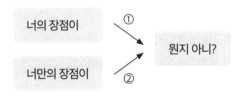

딱 한 글자 차이지만 울림의 강도가 다르다. ②의 "너만의 장점"
이 더 설레게 한다. 나를 특별하고 유일한 사람으로 여기는 것 같아서
다. 누구나 갖고 있는 유일성 욕망을 채워주는 말은 언제나 성공적이
다. 이를테면 이렇게 말하면 된다.

- 너는 이 세상 전부와 다르다.
- 안타깝다. 그런 능력이 너한테만 있다는 걸 왜 모르지?
- 이런 실력은 다른 사람에게서는 본 적이 없어요. 대단히 놀랐습니다.

모두 "너는 유일하게 훌륭하다"라는 메시지를 담은 말이다. 이 단순한 문장들은 듣는 사람 누구라도 모두 자기 사랑의 격정에 빠뜨린다. 거짓말할 필요는 없다. 어려운 일도 아니다. 편견을 걷어내고 투명한 시선으로 관찰만 하면 상대의 유일성이 금방 보일 것이다.

사람은 자기 이외의 유일한 것들도 사랑한다. 세상에 하나뿐인 그림에 끌리고 유일한 역사적 사건은 쉽게 기억하고 세계 기록 보유자 같은 유일한 사람을 좋아한다. 뭐든 하나뿐이라고 하면 눈이 번쩍 뜨인다. 아래 두 문장을 비교해보자.

① 사랑은 기분이 좋아지는 질병이다.
② 사랑은 기분이 좋아지는 유일한 질병이다.

②가 한 미국 배우의 말인데 '유일한'이 들어가니까 더 끌린다. 정신이 빨려들고 더 멋있는 말이라고 믿게 된다. 그 사실을 언어 천재들은 다 알고 있다.

- 훌륭한 일을 하는 유일한 방법은 당신이 하는 일을 사랑하는 것이다. (스티브 잡스)
- 빠르게 변화하는 세상에서 실패를 보증하는 유일한 전략은 위험을 감수하지 않는 것이다. (마크 저커버그)

위의 명언들처럼 "이것이 유일하다"라고 말하면 사람들의 정신을 흡인한다. 스티브 잡스나 마크 저커버그나 다 알고 준비한 말들이다. 그들뿐 아니라 정치가, 소설가, 강사, 언론인 등 숱한 언변가들이 다 비슷하게 말하면서 밥벌이를 하고 있다.

평범한 우리도 이 좋은 걸 놓치지 말고 배워야 한다. 유일성을 강조하는 말머리를 써보자.

- 유일한 단 하나는 ~
- 오직 ~만이 ~
- 여러 가지 중에서도 딱 하나만 꼽는다면 ~

유일성을 강조하는 또 다른 화법은 최상급이다. "가장 ~한 것은"이라고 말하면 되는 것이다.

- 인생에서 가장 중요한 것은 물건이 아니다. (작자 미상)
- 자녀에게 줄 수 있는 최고의 것은 좋은 습관과 좋은 기억이다. (시드니 해리스)

- 세상에서 가장 아름다운 것은 볼 수도 만질 수도 없다. 마음으로 느껴질 뿐이다. (앙투안 드 생텍쥐페리)

"가장 ~한 것은"이라는 서두를 꺼내자마자 청자의 정신은 사로잡힌다. 가장 소중한 것, 가장 해로운 것, 가장 맛있는 것, 가장 감동적인 것, 가장 재미있는 것 등 레퍼토리는 허다하니까 누구나 취향껏 몇 가지를 고안해서 적절히 활용할 수 있다.

- 나에게 가장 소중한 것은 ~
- 너의 행동 중에서 가장 감동적인 것은 ~
- 내가 절대 참고 넘어갈 수 없는 것은 ~

나의 선호와 취향을 정확히 드러내는 표현들이다. 그렇게 명확히 말해야 존중받을 수 있다.

끝으로 《사피엔스》를 쓴 역사학자 유발 하라리의 예다. 그는 2015년 5월 런던 TED 강연에서 돈의 신화에 대한 인간의 믿음이 얼마나 강고한지 설명했다.

돈은 인간이 발명하고 말했던 가장 성공적인 스토리입니다. 왜냐하면 돈은 모든 사람이 믿는 유일한 것이기 때문이죠. 모든 사람이 신을 믿지는 않습니다. 모든 사람이 인권을 믿는 것도 아니고 모든 사람이 민족주의를 믿지도 않습니다. 하지만 모든 사람이 돈은 믿습니다.

감탄스럽다. 이 짧은 말이 수사학의 보물창고다.

먼저 반복법이 돋보인다. "모든 사람이"가 반복된다 "믿다"도 반복된다. 아울러 대조법도 확연하다. "믿는다"와 "믿지 않는다"가 선명한 대조를 이루고 있는 것이다. 그리고 돈과 달리 성공하지 못한 예로서 신, 인권, 민족주의가 제시되어 있다.

하라리가 쓰는 반복법과 대조법은 기억을 돕고 이해를 쉽게 만든다. 사람은 대체로 기억과 이해가 쉬운 말글을 좋아한다. 유발 하라리가 세계적 인기를 누리는 비결 중 하나가 단순한 반복과 대조 능력이다.

위 말에서 더 중요한 사실이 있다. 하라리는 흡인력을 높이기 위해서 유일성 강조화법을 썼다. "가장 성공적인 스토리"라고 말했다. 또 모든 사람이 믿는 "유일한 것"이 돈이라고 했다. 단 하나뿐인 것을 알려준다고 했으니 청중이 집중할 수밖에 없다. 그와 달리 "모든 사람이 믿는 여러 가지 중 하나가 돈입니다"라고 말했다면 어땠을까? 돈이 그다지 중요하지 않은 것이 되고 청자들은 지루해서 좀이 쑤셨을 것이다. 그래서 과장일지라도 "유일하다"라고 말해주는 건 종종 듣는 이들을 위한 배려다.

연습 문제

유명하고 재미도 있는 최상급 표현들이다. 빈칸을 채워보자. 원작자가 택한 단어와 표현법이 답의 기준이다.

- 예술은 한계로 이루어져 있다. 모든 그림의 가장 아름다운 부분은 _____ 이다. (G. K. 체스터튼)
- 대화에서 가장 중요한 것은 _____ 을 듣는 능력이다. (피터 드러커)
- 숨기기 가장 어려운 비밀은 _____ 이다. (마르셀 파뇰)
- 꿈을 이루는 최고의 방법은 _____ 이다. (P. M. 파워)

답은 각각 테두리, 말해지지 않은 것, 자신에 대한 의견, 깨어나는 것이다.

아래는 창작자가 불분명하지만 영어권에서 아주 유명한 명언이다.

이 세상 최악의 감옥은 _____ 이다. 결혼 상대를 주의 깊게 골라야 한다.

답은 '평화가 없는 가정'이다.

아래는 존 D. 록펠러가 부자가 되고 싶은 사람들에게 한 충고이자 경고이다.

> 만일 부자가 되는 것이 당신의 _____ 목표라면, 당신은 절대 그것을 얻지 못할 것이다.

답은 '유일한'이다. 부는 성실한 삶과 출중한 능력의 결과이지 그 자체가 목표가 될 수는 없다는 의미다.

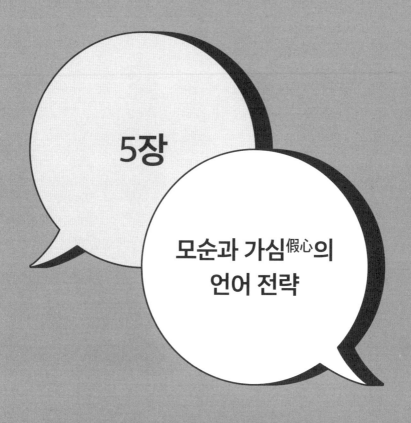

5장

모순과 가심假心의
언어 전략

언어 감각이 탁월한 사람들은 모순을 두려워하지 않는다. 진심만 말해야
한다는 강박도 없다. 그들은 모순과 가심을 즐기고 활용한다. 여기 소개하
는 수사법은 패러독스, 아이러니, 아포파시스이다.

15 패러독스, 모순적인 주장을 한다
오스카 와일드의 역설

헤어지는 게 아쉬우면 연인에게 뭐라 말하는 게 좋을까?

줄리엣은 ②라고 말했다. 헤어지는 건 슬프면서 달콤하다는 것이었다. 수백 년 전 옛날 사람의 대사지만 이해가 된다. 또 만나게 해주니까 이별은 달콤하다고 할 수 있다. 그리고 헤어지는 슬픔 덕분에 상대가 더 달콤한 존재라는 걸 깨닫게 되는 것도 사실이다.

달콤한 슬픔sweet sorrow은 어울리지 않는 두 단어를 써서 의미를 풍성하게 만들었다. 이런 어법을 모순어법이라고 하는데, 먼저 역설에 관해서 이야기하는 것이 맞는 설명 순서다.

역설, 모순을 품은 말

본래 뜻부터 말해보자. 역설은 해결할 수 없는 모순을 품은 논리를 뜻한다. 역설은 정신의 미로다. 역설에 갇히면 결과는 두 가지다. 빠져나갈 수 없거나 원치 않은 곳으로 빠져나가게 된다.

가령 할아버지 역설은 빠져나가기 어려운 미로다. 이 역설은 시간 여행 때 일어날 수 있다. A가 과거로 갔다가 남자 B를 죽게 했다고 하자. 그런데 B는 A의 할아버지다. 아직 결혼도 하기 전이다. 할아버지가 존재하지 않았다면 A는 태어날 수 없고 시간 여행도 할 수 없다. 그런데 어떻게 과거로 가서 할아버지 B를 죽였을까. 어렵다. 할아버지 역설의 모순을 풀고 탈출하는 것은 결코 쉽지 않다.

테세우스의 배 역설도 빠져나오기 힘든 미로다. 테세우스의 배가 낡자 나무 조각을 하나씩 교체하기 시작했다. 결국 원래의 나무 조각이 하나도 남지 않았다면 그 배가 테세우스의 배가 맞을까? 또 언제부터 테세우스의 배가 아니기 시작한 것일까? 판자 하나만 바꿔도 다른 배가 되는 걸까? 정체성과 변화에 대한 그 질문들에 답하는 건 쉽지 않다. 테세우스의 배 역설은 할아버지 역설처럼 정신을 가둬놓고 빠져나가지 못하게 한다.

뜻밖의 곳으로 나가게 되는 역설도 있다. 가장 유명한 것은 아킬레우스와 거북의 경주 역설이다. 경주에 나선 아킬레우스는 가장 빠른 인간이고 거북은 아주 느린 동물이다. 어드밴티지를 얻은 거북이 100미터 앞에서 달리기 시작하고 아킬레우스가 거북보다 10배 빠르다고 가정해보자. 아킬레우스가 100미터를 달려도 거북을 추월할 수 없다. 거북이 10미터 앞에 있을 것이기 때문이다. 아킬레우스가 10미터를 달려도 추월은 불가능하다. 거북은 1미터 밖에 있다. 아킬레우스가 1미터를 내달리면 어떨까. 거북은 0.1미터 앞에 있어서 추월당하지 않는다. 아킬레우스가 0.1미터를 더 달려도 거북은 0.01미터 앞에 있을 것이다. 이런 과정은 끝나지 않는다. 그렇다면 아킬레우스는 영원히 거북을 추월할 수 없는 결론이 나온다.

허망하다. 올바른 전제(속도, 거리)에서 출발해 타당한 추론(간극의 규칙성)을 거쳐서 끌어낸 결론인데 말도 안 된다. 실제로는 추월이 가능하다는 걸 누구나 아는데 추월이 불가능하다는 게 논리적 결론이다. 좌절감이 든다. 애써서 미로를 빠져나왔으나 출구 밖은 돼지가 날고 새가 기어다니는 혼란의 장소이다.

예에서 본 것처럼 역설은 해결할 수 없거나 잘못된 해결로 인도하는 모순적 논리들이다. 그것이 역설의 본래적이고 철학적인 정의이다. 이때 역설의 기능은 우리의 사고와 개념이 얼마나 부실한지 깨닫도록 가혹하게 시험하는 것이다.

부드럽고 편한 역설들

하지만 세상에는 매운맛이 있으면 순한 맛이 있다. K2도 있지만 나지막한 뒷산도 있다. 해결 불가의 강고한 역설이 있다면 해결 가능한 부드러운 역설도 있는 것이다. 부드러운 역설의 모순은 어렵지 않게 풀리며 모순 해결 뒤에는 새로운 진리를 깨닫게 된다. 이런 경우 정의가 조금 수정된다. 위에서 본 역설은 해결할 수 없는 모순을 담은 주장이었다. 이제부터 역설은 어렵지만, 해결 가능한 모순을 품은 주장이다. 일상에서는 역설이 후자의 뜻으로 많이 쓰인다.

이렇게 철학과 일상에서 각기 말하는 패러독스 개념은 서로 다른데, 이 중요한 차이를 친절히 설명해주는 글이 거의 없어서 패러독스는 혼란스러운 개념이 되어버린다.

아무튼 다시 패러독스 설명으로 돌아가자. 우리는 해결 가능한 모순을 품은 패러독스에 대해 이야기하고 있다. 예를 들면 이렇다. 2008년 2월 독일 언론 〈슈피겔〉과 인터뷰하면서 무라카미 하루키가 했던 말이다.

달릴 때 나는 평화로운 곳에 있다.

달리는 데 어떤 장소에 머문다는 말이 모순적으로 들린다. 그런데 잠시 생각해보면 모순은 풀린다. 몸이 달리는 동안 마음은 평화를 느낀다는 뜻이다. 모순적 표현 속에 진리가 있다.

윈스턴 처칠의 명언이라고 잘못 알려진 영국 여왕의 1999년 크리스마스 메시지 중 한 문장도 역설적이다.

뒤를 멀리 볼수록 앞을 멀리 볼 수 있다.

처음에는 틀린 말 같지만, 곧 맞다는 걸 알게 되는 재미가 있다. 역사를 공부하는 것도 뒤를 돌아본 후에 앞을 멀리 내다보기 위해서다. 여왕은 진리가 숨은 모순적 발언을 했던 것이다.

- 영웅은 달아나기를 두려워하는 사람이다.
- 자유는 자신을 결박할 습관을 선택하는 권리이다.
- 불면증의 최고 해결책은 잠을 안 자는 것이다.

모두 유명한 역설들이다. 첫인상은 모순적이지만 곱씹으면 신선한 주장이라는 걸 금방 알게 되고 곧바로 지적인 쾌감을 맛보게 된다.

역설의 대가 중 하나는 아일랜드 작가 오스카 와일드이다. 그의 역설은 말하자면 반대말 역설이다. 세상이 믿는 신화나 거짓말에 맞서 반대 주장을 펴고 설득하는 것이 그의 매력이다.

예를 들어 그는 이렇게 말했다.

오직 얕은 사람만이 자신을 안다.

우리 모두 "너 자신을 알라"라는 금언을 귀에 딱지가 앉도록 많이 듣는다. 거기에는 자신을 아는 게 가능할뿐더러 바람직하다는 전제가 깔려 있는데, 오스카 와일드는 반대 주장을 폈다. 맞는 말이다. 작은 수족관을 이해하는 건 쉽지만 큰 바다는 이해 불가의 대상이다. 깊고 복잡한 사람도 자신을 알 수 없다. 내가 왜 이러는지 몰라 괴롭다면 그건 내가 깊은 바다라는 기쁜 증거이다.

아래도 오스카 와일드의 반대말 역설들이다.

- 야심은 실패한 사람의 마지막 피난처이다.
- 유혹을 제거하는 유일한 방법은 유혹에 지는 것이다.

큰 꿈을 품는 게 옳다고 세상은 믿는다. 하지만 신화이고 착각일지 모른다. 궁지에 몰린 도박꾼처럼 천금을 꿈꾸는 게 오히려 위험하다. 소박한 꿈만으로 만족한다면 그건 내가 실패하지 않는다는 증거가 된다.

또 달콤한 유혹 앞에서는 꼭 이를 악물고 버텨야 할까. 오스카 와일드는 유혹을 순순히 받아들이는 것은 어떻겠냐고 제안한다.

아래도 오스카 와일드가 남긴 대표적 역설 명언들이다.

- 이기심은 자신이 원하는 대로 사는 게 아니라, 남들에게 자신이 원하는 대로 살라고 요구하는 것을 말한다.
- 거짓은 다른 사람들의 진리이다.

일상과 문학에서의 패러독스는 풀 수 있는 모순을 품은 주장들이다. 첫눈에는 모순적이지만 곰곰이 생각하면 뜻을 알 수 있고 이어서 우리의 시야가 넓어진다. 역설은 지적 기쁨을 주는 훌륭한 수수께끼 같은 것이다.

그런데 역설을 압축할 수도 있다. 문장 속이 아니라 두 개 정도의 단어 속에 역설을 축약할 수 있는 것이다. 그렇게 압축해서 표현하는 역설법을 모순어법이라고 부른다. 맨 앞에서 봤던 줄리엣의 "달콤한 슬픔"도 여기에 포함된다. 모순어법의 예는 이렇다.

달콤한 슬픔, 가난한 부자, 끔찍하게 행복한, 지나치게 좋은, 현명한 바보, 거대한 새우(점보 쉬림프), 공개된 비밀, 추한 미녀, 가상 현실, 불가능한 해결책, 살아 있는 시신(좀비), 부드러운 돌(소프트 록), 일하는 휴가(워킹 홀리데이), 마술적 리얼리즘, 침묵의 소리, 조용한 외침, 비극적 코미디, 작은 기적, 원 맨 밴드, 무의식적 지각, 차가운 열정하나같이 부조화다. 첫눈에는 말도 되지 않는다. 가난한 부자라니 억지 같다. 현명한 바보나 차가운 열정도 엉터리 모순인 것 같다. 하지만 다시 한번 생각하면 그 모순에 매료된다. 가난한 부자, 현명한 바보, 차가운 열정이 나의 모습이거나 속성이었으면 좋겠다는 바람까지 생긴다.

모순어법과 역설은 매력적인 모순을 만드는 언어 기술이다. 닫혀 있던 생각과 감각의 문을 열어서 새 세상을 보여주는 힘이 그 속에 있다.

연습 문제

▶ 다음의 역설적 표현의 숨은 뜻은 무엇일까?

진정으로 자신을 믿는 사람은 모두 정신 병원에 수용되어 있다.

지나친 자기 확신은 건강하지 않다는 뜻일 것이다. 영국 소설가 G. K. 체스터튼의 역설적 표현이다.

소설은 진실을 말하게 하는 거짓말이다. (알베르 카뮈)

소설은 허구이지만 진실을 깨닫게 하는 힘이 있다. 알베르 카뮈의 말인데 파블로 피카소의 명언과 닮았다. "예술은 진실을 깨닫게 하는 거짓말이다."

인생의 풍요로움은 잊은 기억에 좌우된다.

우리는 추억이 많아야 행복한 인생이라고 생각한다. 위의 역설은 반대의 진실을 주장한다. 나쁜 기억을 많이 잊어야 삶이 풍요로워진다는 의미일 것이다. 이탈리아의 시인 체사레 파베세의 말이다.

위로는 아주 쉽다. 우리는 쉽게 괴로워하기 때문이다.

사람은 아무것도 아닌 일에 쉽게 괴로워하니까 괴로움은 사실 별게 아니다. 수학자 블레즈 파스칼의 위안이 되는 역설이다.

16 아이러니, 마음과 다르게 말한다

스티븐 호킹의 행복과 장애

짜증이 나면 아이러니가 필요하다. 아이러니가 짜증의 급류에서 우리를 구출해준다.

먼저 영화 속 상황이다. 악행을 일삼던 폭력배가 후배 악당들에 의해 생명을 잃게 되었다. 저벅저벅 죽음이 다가오는데 고개를 돌리니 파란 하늘이 눈에 들어왔다. 이왕 죽는 건데 후배들에게 좀 더 우아하게 기억되려면 어떤 유언을 남기는 게 좋을까?

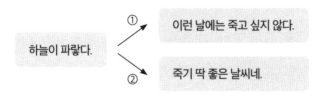

영화 〈신세계〉의 등장인물은 "죽기 딱 좋은 날씨네"라고 말한 뒤에 죽음을 맞았다. 관객들 마음에 오래 남았던 이 대사의 정체는 무엇일까? 아이러니라 부르면 된다. 즉 반어법이다. 반어법은 진심의 반대로 또는 진심과 다르게 말하는 표현법이다.

반어법은 일상에서 많이 쓴다. 가령 모임에 늦은 친구에게 두 가지 중 하나로 말할 수 있다.

① 왜 이렇게 늦었니? 모두 널 기다렸잖아.
② 너무 빨리 온 거 아니냐?

①은 진심을 있는 그대로 표현한 것이고 ②는 진심과 다른 말을 한 것이다. ②가 반어법이다.

고집불통에 매너가 나쁜 사람과 토론을 끝낸 후에도 두 가지로 말할 수 있다.

① 그 사람은 두 번 다시 꼴도 보기 싫다.
② 그 사람에게서 무척 많은 걸 배웠다.

①은 거르지 않고 토해낸 말이고 ②는 필터를 거친 반어법 표현이다.

세계적으로 유명한 반어법도 있다. 음식점에서 나온 사람이 구역질 난 표정으로 말한다.

> 이 집 음식은 맛이 끔찍하다. 양이 적은 건 더 심각한 문제이고.

반어법의 인류 대표 선수라 할 수 있는 우디 앨런 감독의 영화에 비슷한 대사가 나온다. 진심을 숨기고 반대로 말한 게 분명하다. 음식이 최악이었는데도 양이 적었다고 불평했으니까, 뒤 문장은 진심일 수 없는 것이다.

우디 앨런 감독의 또 다른 반어법 명언도 구조가 비슷한데, 우스울 뿐 아니라 약간 쓸쓸해져서 특별하다.

> 인생은 비참함, 외로움, 고통으로 꽉 차 있다. 그리고 그 모든 것이 너무 빨리 끝나버린다.

맛없는 음식이어도 더 많았으면 좋겠고 고달픈 인생이라도 더 오래 살고 싶어 하는 사람의 모순적 욕망이 우디 앨런식 반어법에서 선명하게 드러난다.

여기서 정리를 해보자. 사람들은 왜 반어법을 쓰는 것일까. 무의식적으로 지향하는 목표를 세 가지로 요약할 수 있다. 웃음, 심리적 고통 경감, 감정 통제력 과시가 그것이다.

반어법은 크건 작건 웃게 만든다. 앞의 예에서 말한 지각생은 미안해서 옅은 미소를 지었을 것이고 식당 앞에서 반어법 불평을 들었던 일행은 배를 잡고 웃었을지도 모른다.

웃는 동안 우리 마음에 좋은 일이 생긴다. 감정적 고통이 경감되는 것이다. 늦어서 미안한 마음이나 저질 음식을 씹은 스트레스가 조금은 증발할 것이다.

반어법을 구사하는 아이러니스트 본인이 누리는 이득도 있다. 감정 통제력을 조용히 자랑할 기회를 얻는 것이다. 화가 날 만한 상황인데도 씨익 웃는 사람은 내면이 강해 보인다. 죽음의 공포를 견뎌내고 '오늘은 죽기 좋은 날'이라고 담담하게 말했던 그 남자처럼, 아이러니스트들은 감정보다 큰 사람들이다.

그런데 세 가지 중에서 반어법의 가장 고마운 선물은 무엇보다 심리적 고통 경감일 것 같다. 다른 수사법도 그렇지만 반어법은 현실의 고통에서 삽시간에 벗어나게 도와준다. 우리는 하루에도 여러 번 짜증, 걱정, 화 같은 부정적 감정을 겪지만 그런 감정의 급류에서 빠져나와 숨 쉴 수 있게 돕는 데 반어법만 한 것이 없다.

예를 들어보자. 최악의 식당에서 인생 최악의 음식을 돈 주고 먹은 후에 우리는 다섯 가지 스타일로 말할 수 있다.

① 뭐 이따위 음식이 있어? 기분 엉망이다. (직설적 표현)
② 오늘 식당에서 정말 죽을 뻔했다. (과장법)
③ 특히 그 스프는 사약이었다. (은유법)

④ 오히려 고맙다. 이제 세상 모든 음식이 다 맛있게 느껴지겠다. (흔한 반어법)

⑤ 음식 맛이 토할 것 같더라. 게다가 양은 또 왜 그렇게 적니? (우디 앨런식 반어법)

직설적 분노 표출은 불쾌한 기억 속에 더 깊이 빠지게 한다. 과장, 은유는 충분한 거리를 확보한다. 흔한 반어법도 짜증스러운 현실에서 우리를 구해낸다. 그리고 우디 앨런의 우습고도 복잡한 고급 반어법은 주의 집중력을 몽땅 흡수하기 때문에 최악의 음식 맛을 까맣게 잊게 만든다. 이런 게 반어법의 언어 마술이다.

크고 작은 짜증과 불행을 겪는 우리를 수사법이 돕는다. 여기서 이야기한 반어법도 불행감 퇴치 성능이 강력하다. 마음과 다르게 말하는 반어법 공부가 무척 이로운 이유다.

상황 아이러니와 극적 아이러니

그런데 이제 논의의 범위를 넓히지 않을 수 없다. 아이러니가 반어법과 완전한 동일체가 아니기 때문이다. 아이러니는 반어법보다 훨씬 큰 개념이다. 그걸 모르고 아이러니를 반어법이라고 기계적으로 외우면 "인생은 아이러니로 가득하다"를 "인생은 반어법으로 가득하다"라고 해석하는 곤란에 빠지게 된다.

넓은 의미에서 아이러니는 세 가지로 나뉜다. 첫 번째로 언어 아이러니가 있다. 앞에서 말한 반어법이 그것이다. 두 번째는 상황 아이러니이고 세 번째는 극적 아이러니.

먼저 상황 아이러니는 기대와 일치하지 않는 사건 또는 기대와 사건이 일치하지 않는 상황을 뜻한다. 가령 소방서에 불이 나서 소방관들이 허둥지둥 대피했다거나 경찰서에 도둑이 들어서 귀중품이 모두 털리는 일이 일어날 수도 있다. 소방관과 경찰관이 화재와 범죄를 막아줄 것으로 기대했는데 기대와 상반되는 상황이 일어나고 말았다. 이럴 때 우리는 "참 아이러니하다." 혹은 "참 아이러니한 상황이 벌어졌다."라고 말할 수 있다.

시야를 넓히면 인생 또는 운명에서도 상황 아이러니가 일어난다. 가령 선량한 사람이 행복해야 할 것 같다. 그런데 현실은 그런 기대를 배신할 때가 많다. 악한 사람이 편히 살고 선량한 사람이 비극을 겪는 일이 허다한 것이다. 기대와 어긋나는 이런 상황도 아이러니. 또 성실히 노력했으나 오히려 가난해지거나 자녀를 사랑해서 엄하게 키웠는데 부모가 자녀의 영원한 미움을 사는 경우도 기대와 일치하지 않는 상황이므로, 모두 아이러니라고 할 수 있다. 이럴 때 우리는 말할 수 있다. 인생은 개인이 어찌할 수 없는 아이러니로 가득하다고.

세 번째 종류인 극적 아이러니는 드라마에서 일어난다. 관객의 기대와 등장인물의 행동이 불일치하거나 반대인 상황이 바로 극적 아이러니다.

가령 관객은 줄리엣이 죽은 게 아니라 약을 먹고 잠시 잠들었다는 것을 안다. 로미오는 줄리엣이 깰 때까지 기다리기만 하면 된다. 하지만 로미오는 진실을 모르고 목숨을 끊어버린다. 관객의 기대와 로미오의 행동은 불일치했다. 이런 불일치 상황이 극적 아이러니이다.

독약이 든 포도주를 마시는 햄릿의 어머니도 같은 경우다. 늑대가 할머니로 변장한 줄 모르고 접근하는 빨간 모자도 그렇다. 또 주인공이 지구를 멸망시킬 외계 생명의 씨앗을 뱃속에 품고 귀환하는 영화나 살인자가 숨은 숲으로 걸어 들어가는 영화도 같다. 모두 극적 아이러니를 품고 있는 작품들이다. 그런 드라마를 보면서 우리는 말할 수 있다. 아이러니가 그득한 드라마라고 말이다.

아이러니한 소설과 영화는 안타까우면서도 각별한 재미가 있다. 인생의 아이러니는 냉정한 운명의 힘을 실감하게 한다. 또 언어적 아이러니, 즉 반어법은 짜증과 좌절과 원망에서 우리를 구해낸다. 종류가 뭐든 아이러니는 아주 신묘하다.

연습 문제

▶ 죽음을 앞둔 영화 속 조폭 남자가 말했다. 다음 중 어느 것이 아이러니일까?

① 나는 죽고 싶지 않다. 절대로!

② 죽기 딱 좋은 날씨네.

③ 죽을 생각하니 행복하다.

④ 내가 죽기를 얼마나 기다렸는지 아니?

그 남자도 생명체니까 죽기는 무척 싫었을 것이다. ①은 솔직한 진심이다. 반면 ② ③ ④는 마음에 없는 소리이므로 반어법이다. 그런데 반어의 강도가 다르다. ②는 약한 반대말이고 ③과 ④는 강한 반어법이다. ②는 체념의 뉘앙스니까 약하다. 그에 비해 죽어서 행복하다거나 죽음을 기다렸다고 말한 ③ ④는 마음의 정반대를 꾸며서 강하게 표현했다.

강하거나 약하거나 모두 반어법이다. 진심의 정반대 말만이 반어인 것은 아니다. 그러니까 고대 로마의 철학자인 키케로의 유명한 정의가 타당하다. "생각하는 것과 다르게 말하는 것"이 아이러니(반어법)인 것이다.

▶ "과장하지 마. 제발. 내가 벌써 수백 번 말했잖아."는 왜 아이러니 할까.

'수백 번 말했다'라는 게 과장이다. 남에게 과장하지 말라면서 자신이 엄청나게 과장을 하고 말았다. 사람이 대체로 그렇다. 해서는 안 된다고 강조하는 그런 행동을 자신이 행하는 경우가 참 많다. 물건을 훔친 경찰관의 꼴이다. 자녀에게 폭력을 휘두르다 들킨 일타 자녀 교육 전문가와도 닮았다. 모두 기대와 크게 일치하지 않는 상황이니 아이러니하다고 말할 수 있다.

▶ 아래는 무라카미 하루키의 《해변의 카프카》 영문판 일부를 번역한 것이다. 여기서 말하는 아이러니는 세 종류 아이러니 중 어느 것에 해당할까?

아리스토텔레스에 따르면 비극의 감각은 아이러니하게도 주인공의 약점이 아니라 좋은 점에서 비롯된다…사람들은 자신의 결점이 아니라 미덕 때문에 비극 속으로 더 깊이 빠지는 것이다.

상황 아이러니. 장점이 그 사람을 행복하게 할 것 같지만 실제론 정반대일 때도 많다. 이렇게 기대와 불일치하는 상황 아이러니를 운명적 아이러니라고 부르는 연구자도 있다.

▶ 천재적 물리학자 스티븐 호킹은 온몸이 굳어서 오랫동안 휠체어에 의지했던 중증 장애인이다. 많이 불편했을 것이다. 그런데 2015년 9월 스페인 언론 〈엘 파이스El Pais〉와 인터뷰하면서 스티븐 호킹이 뜻밖의 말을 한다. 장애가 오히려 도움을 줬다는 것이

다. 아래의 말은 반어법일까 아닐까?

사실 장애가 어떤 면에서는 내게 도움이 되었어요. 따분한 위원회 같은 데서 강의하거나 앉아 있지 않도록 해주었거든요. 장애가 생각하고 연구할 더 많은 시간을 내게 주었습니다.

중증 장애인의 삶이 힘겹지 않았을 리 없다. 하지만 스티븐 호킹은 밝았다. "따분한 위원회"라면서 유머 감각도 자랑했다. 유쾌한 반어법일 가능성이 충분하다.

그런데 우리는 위의 말이 진지한 인생 긍정인지 아니면 유머 넘치는 반어법인지 판별할 수 없다. 현장에 있었던 기자부터가 알 수 없었을 것이다. 왜냐하면 스티븐 호킹의 표정은 일반 사람들에게는 해석 불가이기 때문이다. 이건 아주 중요한 문제다. 반어법에는 과장된 표정 연기가 필수다. 실망이나 난처함을 견디며 억지 미소를 지어야 반어법의 신호가 된다. 지금 내가 반어법을 말하고 있다는 알림 메시지는 그런 표정 연기 없이는 송출될 수 없다. 흔한 인터뷰 기사들을 보면 '괄호 속 웃음', 즉 '(웃음)'이 쓰이지만 스티븐 호킹은 그런 이모티콘을 부여받기도 어려웠다. 다수의 방식으로 표정을 의미화할 수 없었던 스티븐 호킹은 반어법에서도 불편이 컸던 소수자였을 것이다.

17 아포파시스, 안 하는 척 말한다

키케로와 손석희의 약속

다음 중 두고두고 찜찜할 말은 어느 것인가?

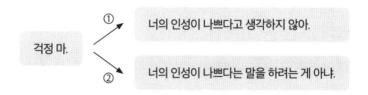

①은 괜찮지만 ②는 교묘하다. 들으면 찜찜할 수밖에 없다. 인성이 나쁘다는 비난이 말 속에 들어 있기 때문이다.

미국 대통령도 그런 묘한 화법을 쓴 적이 있다. 2017년 북한 측이 미국 트럼프 대통령을 '늙었다'라며 비난하자, 트럼프 대통령이 트위

터에 가정법 글을 올렸다.

> 김정은이 나를 '늙었다'라며 모욕할 리가 있는가? 나는 그가 '작고 뚱뚱하다'
> 라고 절대 부르지 않을 텐데 말이다.

놀라운 화술이다. 트럼프는 상대방을 모욕하지 않겠다면서 결국은 그 모욕적인 말을 해버렸다. 말하지 않겠다면서 말하는 마술 같은 말 기술은 유서가 깊다.

2천여 년 전 로마의 철학자이며 정치가였던 키케로는 자신을 기소해서 괴롭혔던 상대를 향해 이렇게 말했다.

> 나는 클로디아 당신의 잘못을 잊었다. 당신 때문에 받은 고통의 기억은 지워
> 버렸다.

표면은 잊었다고 말했지만 속은 전혀 다른 것 같다. 기억이 생생히 남아 있다는 말을 한 것과 다름없다. 잊었다고 말함으로써 잊지 않았다고 말하는 요술 같은 말솜씨다.

이렇게 말하지 않겠다면서 말하는 화법을 아포파시스apophasis라고 한다. '양부음술'로 번역하기도 하는데 뜻을 짐작하기 어렵다. 더 쉽게 '안척말' 화법이라고 하면 된다. '안 하는 척 말하기' 수사법인 것이다.

아포파시스 혹은 안척말 화법은 일상에서도 자주 쓰거나 듣는다.

내가 당신을 위협할 생각은 없어요. 하지만 불법 행위가 계속되면 신고하지 않을 수 없어요.

신기한 화법이다. 위협하지 않겠다면서 위협했다. 나는 위협하지 않고 품위를 지켰는데, 상대는 겁을 집어먹을 수밖에 없다.

저는 누구도 미워하지 않습니다. 어떤 사람도 저의 친구가 될 수 있습니다. 다만 거짓말을 하는 사람은 예외입니다.

아무도 미워하지 않는다고 말하면서 아주 미워하는 사람이 있다고 밝힌 셈이다. 앞뒤로 맞지 않는 게 분명한데 그렇다고 트집을 잡기도 어렵다. 절묘한 말 기술이다.

21세기 한국의 아포파시스 대가는 손석희 앵커이다. 말하지 않겠다면서 말하는 경우가 허다하다.

2016년 황석영 작가가 〈JTBC 뉴스룸〉에 출연했을 때 손석희 앵커는 이렇게 말했다.

사실 황석영 선생 하면 단지 문화계 이야기뿐 아니라 지내오신 그런 역경이 있기 때문에 정치 사회적인 질문도 많이 드릴 수도 있는데, 오늘은 문화초대

석이니까 그 질문은 드리지 않도록 하겠습니다.

위 말의 효과는 적어도 두 가지다. 첫 번째로 자신이 대화의 결정 권자라고 천명하고 있다. 황석영 작가는 크게 웃으며 "오늘은 좀 봐주십시오"라고 읍소했을 뿐 아니라 고개를 까딱하며 "감사합니다"라고 인사도 했다. 누가 대화판의 권력자인지 확인이 된 순간이다.

위 말의 두 번째 효과는 아포파시스이다. 즉 안척말 효과가 있는 것이다. 황석영 작가가 정치 사회적 역경을 많이 겪었다고 말하는 순간 작가를 아는 사람이라면 누구나 사건을 다 떠올리고 나아가 옆 사람과 대화하거나 검색을 하게 된다. 말하지 않겠다면서 말한 것이나 다름없다.

손석희 앵커는 이런 말도 했다.

황석영 선생을 이야기하다 보면 북한에 가셨다가 옥살이했던 이야기를 빼놓을 수는 없는데, 그 얘기를 하려는 건 아니고요.

전형적인 안척말 화법이다. 하지 않겠다고 약속하면서 "북한에 다녀오고 옥살이도 했다"고 이미 말해버렸다. 또 나중에는 황석영 작가가 북한 주석과 함께 먹은 음식 이야기까지 나온다. 하지 않겠다면서 자신이 말하거나 상대가 말하도록 이끈다. 많은 이야기가 자연스럽게 오간다. 대화 자체와 시청 경험 모두 풍성해진다. 손석희 앵커를 비롯한 소수만이 갖고 있는 안척말 화법, 즉 아포파시스 기술의 결과들이다.

안척말 수사법은 긍정적 내용을 담으면 보통 사람의 일상에서도 유익할 수 있다. 가령 슬그머니 자랑할 때 활용도가 높다.

> **우리 음식에 대해 자랑할 생각은 없어요. 다만 최상급 소고기 안심과 신선한 로브스터 요리는 세계적 클래스이고 저희가 직접 구운 빵을 곁들이면 더더욱 훌륭하다는 사실만은 알려드리고 싶어요.**

자기 자랑을 하지 않는 척하면서 자랑했다. 나도 이득이고 음식을 먹을 사람도 기분이 좋아져서 이익이다.

내가 아니라 남을 칭찬할 때도 안척말 화법이 효과적이다. 아래 두 말을 비교해보자.

① 이번 일도 잘하리라 믿어.
② 네가 유능하다는 건 말할 필요도 없잖아. 이번 일도 잘하리라 믿어.

①도 괜찮지만 ②가 훨씬 기분 좋은 말이다. 은근슬쩍 상대의 유능함을 확언해줬기 때문이다. 듣는 사람의 마음이 좋을 것이다.

다른 예를 보자. 힘을 주는 리더 혹은 동료가 되려면 어떻게 말해야 할까?

① 당신은 업무만 익숙해지면 문제없어요.
② 당신이 사회성이 좋다는 거야 다 아는 사실이고, 업무만 익숙해지면 문제없어요.

②가 낫다. 다 아는 사실이니까 말할 필요가 없다면서도 칭찬을 분명하게 했다. 그 기술적 한마디 덕분에 상대는 두고두고 기분이 좋을 것이다.

소개팅을 앞두고 긴장한 친구에게는 뭐라고 해야 할까?

① 걱정하지 마. 잘할 수 있어.
② 네가 매력적이라는 건 말해봐야 입만 아파. 걱정하지 마. 잘할 수 있어.

②가 좀 더 기술적인 응원이다. 은근하게 자존감을 높여줬으니까 친구는 고마울 것이다.

어떻게 말해야 더 좋은 리더, 동료, 친구가 될 수 있을까? 방법 중 하나는 안 하는 척 말하기다. 은근슬쩍 칭찬하는 기술이 언어 능력을 높인다.

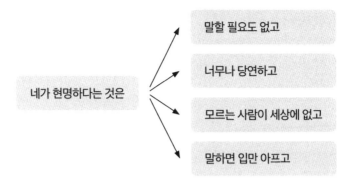

네가 현명하다는 것은
- 말할 필요도 없고
- 너무나 당연하고
- 모르는 사람이 세상에 없고
- 말하면 입만 아프고

듣는 이의 가슴을 뿌듯하게 만드는 안척말 칭찬법들이다. 상대가 현명한 게 화자 개인의 의견이 아니라, 사회적 공인을 받은 상식인 듯이 말하기 때문에 청자가 연인이든 직장 동료든 그 누가 되었건 행복해질 것이다.

6장

혼돈과 반전의
서사 능력

앞을 내다보는 수가 몇 수냐에 따라 스토리텔링 능력의 크기가 결정된다.
듣는 이의 반응을 일찍부터 예측하고 예비하는 유능한 화자를 만나서 실
컷 웃고 당황하고 깨닫게 된다면 그것은 큰 행운이다.

18 함정에 빠뜨린 후 구해낸다

김상욱의 함정 파기

다음 중 집중하게 만드는 질문은 어느 것일까?

①은 지루하다. 몸을 의자 등받이에 기대서 심드렁하게 답할 수 있는 싱거운 질문이다. ②는 다르다. 듣는 사람이 바로 앉아 집중하게 만든다. 불안감을 일으키는 질문이기 때문이다.

그 불안감은 내가 틀릴지 모른다는 생각에서 온다. 나는 셰익스피어가 실존 인물이라고 오랫동안 철석같이 믿어왔는데 그게 아니라면 조마조마할 수밖에 없는 것이다.

이건 아주 단순한 심리학적 원리다. 인간은 누구나 자신이 틀리는 게 싫고 무섭다. 철학책을 파는 고매한 정신노동자에서 땅을 파는 소박한 육체노동자까지 똑같다. "당신 생각이 틀렸네요"라고 말해주면 모두 고통을 겪는다. 그리고 갈증이 따라온다. 내가 어떻게 틀렸는지, 무엇이 옳은 지식인지 알고 싶어 하는 것이다.

그러니까 상대의 지적 오류를 지적하는 질문은 강력하다. 당신이 틀렸다 혹은 틀렸을지 모른다고 암시하면 내 말에 집중한다. 그건 나의 말이 가치를 얻게 된다는 뜻이다. 또 대화도 가치 있게 된다. 함께 시간을 보낼 합당한 이유가 생기는 것이다.

예를 들어보자. 어린이에게 어느 질문이 지적인 자극이 될까?

① 공룡이 언제 어떻게 멸종했니?
② 공룡이 정말 다 멸종했을까?

①은 얕은 질문이다. 단편적 암기 지식을 묻는 심심한 질문이다. ②는 아이의 마음을 뒤집어놓을 질문이다. "공룡이 멸종했다는 너의 생각이 틀렸어"라는 메시지가 들어 있기 때문이다. 대철학자처럼 어린아이도 틀리는 게 싫다. 그리고 틀렸다면 왜 그런지 갈증을 느끼게

된다. 아이가 흔들릴 때 설명을 해주면 된다. 가령 공룡과 가까운 조류인 슈빌이 존재하며 코모도왕도마뱀은 외모가 축소판 공룡이라고 알려주는 것이다. 또 영화나 소설에서처럼 누군가 유전자를 이용해 공룡을 번식시켜서 반려동물로 키울 수도 있다. 당장이 아니라면 미래에 그런 일이 벌어지는 게 불가능한 것도 아니다. 이런 설명이 아이의 상상력과 사고의 유연성을 길러준다.

어른들에게도 같은 방식의 질문이 썩 잘 통한다.

우리의 사업 전략이 틀렸다는 생각을 안 해봤나요? 세 가지 문제가 있습니다.

"우리가 틀렸다"라는 주장을 전제로 질문하면 모두 숨죽이고 듣게 된다. 불안감과 긴박감이 생긴다. 그때부터 내 말은 중요성을 독점하게 된다.

아래 질문들도 역시 지적 오류를 경고하는 것들이다.

- 경제 공부를 몇 년 한다고 정확한 주가 예측력이 정말 생길까요?
- 남에게 친절한 사람이 존중받는다고 생각하죠? 사실이 아닐 수 있어요.
- 사람들은 사랑 때문에 결혼할까요? 불안해서 결혼한다는 생각은 안 해봤나요?

당신의 생각이 틀렸다거나 당신이 모른다는 암시를 주는 질문들이다. 질문을 들은 사람은 정신이 번쩍 든다. 그리고 알고 싶어 집중하게 된다.

김상욱의 4단계 함정 놀이

그런데 난도가 훨씬 높은 질문법도 있다. 약을 주기 위해서 먼저 상대를 병들게 하는 질문법이 그것이다. 그러니까 상대가 이미 저지른 지적 오류를 캐묻는 게 아니라 지적 오류를 저지르게 유인하는 것이다. 이렇게 멀쩡한 사람을 함정에 빠뜨리는 흑기술을 물리학자 김상욱 교수가 훌륭하게 시범 보인 적이 있다.

김상욱 교수는 tvN 〈알쓸신잡 3〉에서 거대 공룡 브라키오사우루스 이야기를 하고 있었다.

높이가 18m 정도이고 아주 높은 것은 27m. 그러니까 어마어마하게 높아요. 6층, 7층 정도 높이이고 몸무게가 30t (정도 됩니다).

숫자가 설득력이다. 구체적 수치를 말하니까 듣는 사람의 머릿속에는 빌딩처럼 거대한 동물이 왔다 갔다 하는 게 생생하게 그려졌을 것이다. 김상욱 교수의 질문이 이어진다.

그 녀석(브라키오사우루스)은 알에서 시작해요. 파충류이기 때문에… 알은 (크기
가) 어느 정도일까요?

질문하는 김상욱 교수의 얼굴 근육은 미세하게 떨렸다. 사냥꾼의
긴장감이었다. 사냥감이 함정에 한 발 두 발 접근하는 걸 지켜보는 조
마조마한 심정 같은 것이었다.

즉시 출연자 하나가 걸려들었다. 공룡알은 승용차 크기는 될 것
같다고 답한 것이다.

그는 아무 잘못이 없다. 그렇게 답하는 건 자연스러운 반응이었던
것이다. 앞에서 김상욱 교수는 공룡이 어마어마하게 크다고 강조했다.
수치까지 제시하고 빌딩 높이와 비교하면서 공룡의 거대함을 실감하
도록 청자의 뇌를 조종했다. 그랬으니 공룡의 알도 거대할 것이라고
짐작하고 답하는 게 자연스럽다. 그것은 김상욱 교수가 함정을 파고
유도한 답변이었다.

물론 공룡알이 자동차 크기라는 건 오답이었다. 김상욱 교수는 득
의가 읽히는 얼굴로 정답을 말했다.

(두 손을 가슴 넓이로 벌리고) 공룡알이 요만해요.

공룡알은 승용차가 아니라 바퀴 남짓이었다. 생각보다는 훨씬 작
다. 정답이 발표된 순간 듣던 사람들은 술렁였는데 분명 두 가지의

감정이 솟았을 것이다. 첫 번째는 무지의 자각에서 비롯된 당혹감이다. "알이 아주 클 거라는 내 생각이 틀렸다고?"라며 당황한 것이다. 두 번째는 뜨거운 호기심이다. "왜 그렇게 공룡알이 작지? 왜 그래야 하는 거야?" 이런 당혹감과 지적 열망이 김상욱 교수가 함정을 파고 몰이를 했던 목적이다.

김상욱 교수는 공룡알이 작을 수밖에 없는 이유를 설명했다. 공룡알이 커지면 껍질이 두꺼워지는데 두꺼운 알껍데기는 공기가 통하지 않아서 공룡 새끼의 생명을 위협한다. 그러니까 대를 이으려면 거대 공룡도 덩치에 안 맞게 작고 얇은 알을 낳을 수밖에 없다는 이야기가 된다.

설명이 끝나자 주변 사람들은 환희를 느낀다. 새로운 지식을 얻은 희열이었다. 거친 바다에서 구조되기라도 한 듯 기쁜 표정이었다.

그러니까 김상욱 교수의 주변 사람들은 당혹감 → 호기심 → 환희의 순서로 감정의 격동을 겪었는데, 이것이 김상욱 교수에 의해 연출된 것이라는 게 중요하다.

김상욱 교수는 호기심을 일으킨 후 해소해주는 방법을 보여주었다. 함정을 파서 상대가 무지를 자각하게 만들고 지적 열망을 달군 후에 사실을 알려준다. 그러면 청자는 물 한 컵을 얻어 마신 사막의 조난자처럼 행복해질 것이고 정보를 오래 기억할 것이다.

그러니까 김상욱 교수를 따라서 이런 구조와 순서로 말하면 되는 것이다.

A가 있습니다. → B라고 생각하기 쉬워요. → 그런데 B는 틀렸습니다 → 사실은 C입니다.

위의 공룡알 이야기를 대입해보자.

빌딩처럼 큰 공룡이 있어요 → 알도 클 것 같죠? → 그런 생각은 틀렸어요. → 사실 거대 공룡의 알도 작을 수밖에 없습니다.

다른 예를 들어보자.

- 아인슈타인은 엄청난 업적을 남겼습니다. → 그는 천재라고 생각하기 쉽습니다. → 그런데 아인슈타인 본인은 자신이 천재가 아니라고 말했습니다. → 그는 자신에게는 재능은 없고 호기심이 많을 뿐이라고 말했습니다. 아인슈타인은 천재가 아니라 호기심이 많은 사람이었습니다.
- 사람들은 행복하기 위해서 열심히 살아갑니다. → 노력하면 행복을 얻을 수 있다고 생각하기 쉬워요. → 그런데 틀렸어요. 행복은 추구할수록 멀어집니다. → 행복은 마음의 힘을 빼야 찾아오니까요.

좀 더 가볍고 단순한 표현으로 위의 단계를 요약할 수도 있다.

미끼로 유인하기 → 함정에 빠뜨리기 → 놀라게 하기 → 구해주기 재미있게 말한다는 건 지적 열망을 일으키는 것이다. 첫 번째로 상대의 지식이 틀렸다고 알려주면 지적 열망이 생긴다. 그런데 더 고급스러운 두 번째 방법이 있다. 상대를 틀린 생각의 함정으로 빠뜨린 후에 구해주는 것이다.

넓게 보면 함정 파기는 재미있는 스토리텔링의 전략이다. 좋은 교육자만 그러는 것이 아니다. 아카데미상을 받은 영화에서도 그렇고 많은 소설의 플롯도 비슷하다. 오해의 구덩이에 빠뜨렸다가 건져내서 진실을 말해줘야 상대는 지적 쾌감을 얻고 나는 멋짐을 얻는다.

19 상식 초월 화법을 활용한다

버트런드 러셀의 걸인과 백만장자

다음 중에서 지루해서 짜증스러운 말은 어느 것인가?

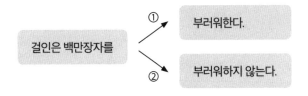

①은 하나 마나 한 소리다. 걸인이 백만장자를 부러워한다니 너무 당연해서 재미없기 짝이 없다. ②는 다르다. 걸인이 백만장자를 부러워하지 않는다니 이게 무슨 소리인지 궁금해서 더 듣고 싶어진다.

②에 관심이 생기는 건 반감 때문이다. ②를 읽으면 반대 의견이

머릿속에 떠오른다. "걸인이라면 당연히 백만장자를 부러워하는 게 맞는데 그게 아니라고? 누가 이런 말도 안 되는 소리를 한 거야?" 싶을 것이다.

아마 많은 사람이 그런 반감을 느낄 것이다. 다시 말해서 ②는 다수의 생각, 즉 상식에 어긋나는 발언이다.

②처럼 상식을 벗어난 말을 하면 관심을 끈다. 사람의 눈과 귀를 사로잡으려면 상식 초월 화법을 써야 하는 것이다. 그런데 절대 잊어서는 안 될 게 있다. 무책임한 관종이 되지 않으려면 합당한 해명까지 해내야 한다. 해명이 상식 초월 화법의 생명이다.

위의 예를 보자. "걸인은 백만장자를 부러워하지 않는다"라는 비상식적인 말을 한 사람은 20세기의 대표 철학자 버트런드 러셀이다. 그의 말은 이랬다.

걸인은 백만장자를 부러워하지 않는다. 대신 성공적인 다른 걸인을 부러워한다.

뒤 문장까지 들으니 이제야 납득이 된다. 앞 문장이 엉터리가 아니었다는 것도 알게 된다. 맞다. 걸인만 그런 것이 아니다. 먼 사람보다는 가까운 사람의 성공을 더 선망하고 배 아파하는 게 일반적 인간 심리인 것이다.

김영하 작가도 상식 초월 화법에 능하다. 그는 tvN 〈알쓸신잡〉에서 이렇게 말했다.

> **절대로 사람은 자신 능력의 100%를 사용해서는 안 된다. 한 60~70%만 사용(해야 한다.)**

역시 상식에 맞지 않는다. 최선을 다해서 사는 게 옳다고 다수의 사람은 믿어 의심치 않는다. 그런데 김영하 작가는 그런 상식을 뛰어넘어 말했다. 청자의 마음에는 반사적으로 반감과 의심이 생긴다. 또 무슨 말인지 알고 싶어서 집중하게 된다.

의심을 충분히 예측한 작가가 준비한 해명을 했다. 에너지를 남김없이 소진하지 말고 비축분을 확보해둬야 혹시 모를 비상 상황에 대처할 수 있다는 것이다. 납득이 되는 설명이다. 매일매일 최선을 다한다는 명목으로 에너지를 탕진할 게 아니라 여유와 장기적 안목을 갖자는 뜻일 것이다. 고개가 끄덕여지는 주장이다.

이번에는 영국의 작가 더글러스 애덤스의 말이다.

> **우리는 세계를 구할 필요가 없다. 세계는 아주 커서 스스로를 돌볼 수 있다. 우리가 관심 가질 건 세계가 우리를 지속시킬 수 있을지 여부이다.**

세계를 구할 필요가 없다는 주장으로 말을 시작했다. 상식을 초월하는 주장이다. 청자는 반감이 든다. 세상을 구해야지 구할 필요가 없다는 게 무슨 소리냐 싶은 것이다. 그때 작가는 해명을 이어간다. 더글러스 애덤스는 상식 초월 주장을 내던져서 주의를 끈 후에 납득할 만한 해명을 했다. 처음부터 면밀히 설계된 절차이다.

상식 초월 주장의 또 다른 유명한 예다.

- 고객에게 뭘 원하는지 묻고 그걸 주려고 노력해서는 안 된다. 고객이 원하는 걸 만든 시점에 고객은 새로운 것을 원할 것이기 때문이다. (스티브 잡스)
- 우리는 행복을 소비할 권리가 없다. 행복을 만들지도 않고서는 말이다. 부를 만들지 않고 소비할 수 없는 것과 같다. (조지 버나드 쇼)

고객이 원하는 걸 주려고 하지 말라고? 정말 이상한 말로 들린다. 우리가 행복 소비 권리가 없다는 단언도 의아하다. 언어 능력이 출중한 그들은 그렇게 말도 안 되는 듯한 소리를 먼저 낚싯밥을 던진다. "그게 무슨 소리야"라며 귀를 세우는 청자를 기다리는 것은 논리가 그물처럼 촘촘한 해명이다.

말하는 사람은 말하는 동안 내내 자신을 돌아봐야 한다. 커뮤니케이션 연구자들의 설명을 보면 필요한 자기 점검은 최소 4가지이다.

① 내가 중요한 개념을 정의했나?
② 나의 전제가 결론을 뒷받침하고 있나?

③ 나의 가정을 청자가 동의할까?

④ 청자의 믿음에 반하는 주장을 하고 있지는 않나?

모두 중요한 문제들인데 여기서 우리가 주목할 것은 ④이다. 청자의 믿음과 충돌하는 주장을 하면 설득력이 떨어진다. 사람들은 나를 불신하고 등을 돌릴 것이다. 그런데 역이용도 가능하다. 상식적 믿음을 의도적으로 거슬러서 내 말의 흥미도를 높이는 것이다. 위에서 살펴본 반 상식 화법 또는 상식 초월 화법의 전략이다.

연습 문제

유명한 아래의 세 주장은 각기 어떤 상식에 도전한다고 봐야 할까?

① 분노는 불가피할 뿐 아니라 꼭 필요하다. 분노가 없다는 건 무관심하다는 뜻이기 때문이다.

② 인내는 마라톤이 아니다. 연속되는 짧은 경주를 두려워하지 않는 마음이 인내심이다.

③ 성공적인 결혼을 위해서는 여러 번 사랑에 빠져야 한다. 단 항상 같은 상대여야만 한다.

분노는 부정적이고 악한 감정이므로 억눌러야 한다고 많은 사람이 믿는다. ①은 그런 상식적 믿음에 도전한다.

　　②의 경우 흔한 비유에 반대한다. 인내를 마라톤에 비유하는 게 사회적 관습 내지 상식이다. 너무 흔해서 낡게 된 비유다. ②는 그것을 뛰어넘기 때문에 신선하다.

　　③은 흔한 연상에 도전한다. "여러 번 사랑에 빠져야 한다"라는 말을 들으면 자유연애를 연상하게 된다. 하지만 끝까지 읽으면 트릭인 걸 알게 된다. 미워했다 다시 좋아지기를 반복하는 게 좋은 결혼 생활이라는 주장이 깔려 있다.

20 앞부분 의미 역전하기

스티븐 킹의 심장

다음 중에서 더 재미있는 말은 어느 것인가?

②가 재미있는 까닭은 다 읽은 후에 '편견'의 뜻이 뒤바뀌기 때문
이다. 여기서 '편견'은 이를테면 가족이나 친구에 편파적인 긍정적 시
각을 뜻한다. 미국의 배우이자 작가인 W. C. 필즈^{W. C. Fields}가 한 말이
다.

다음 중에서 웃게 되는 것은 어느 쪽인가?

① 우리 할머니는 예순 살에 매일 10km씩 걷기 시작했다. 지금은 아흔 일곱 살인데 아주 건강하시다.
② 우리 할머니는 예순 살에 매일 10km씩 걷기 시작했다. 지금은 아흔 일곱 살인데 어디 계신지 아무도 모른다.

많은 사람이 ②가 우습다고 평가할 것이다. 미국 방송인 엘런 드제너러스의 유명한 농담인데, 왜 웃음이 나는 걸까? 앞부분의 뜻이 뒤바뀌기 때문이다. ①에서는 10km 걷기가 운동이지만 ②에서는 가출이 되어버린다.

이렇게 앞 문장 혹은 앞 구절의 의미를 뒤집는 반전 화법을 파라프로스도키안paraprosdokian이라고 하는데 '기대를 넘는다'라는 뜻의 그리스어에서 연원했다고 한다. '앞부분 의미 역전 화법'이라고 생각하면 되겠다.

아래의 두 가지 예도 유명하다.

- 내가 어릴 때 부모님은 이사를 많이 다니셨다. 하지만 나는 항상 부모님을 찾아냈다.
- 나는 열흘 동안 잠을 잘 수 없었다. 하루 꼬박 자는 것도 불가능했다.

문인 중에서도 앞부분 의미 역전을 즐기는 이들이 있었다.

- 담배를 끊는 것은 세상에서 가장 쉬운 일이다. 지금까지 천 번은 끊어봐서 나는 안다. (마크 트웨인)
- 젊을 때 나는 돈이 인생에서 가장 중요하다고 생각했었다. 이제 나이가 들고 보니 그게 맞는다는 걸 알게 되었다. (오스카 와일드)

그런데 앞부분 역전 화법의 가장 강렬한 예는 소설가 스티븐 킹이 고안해냈다.

나에게는 작은 소년의 심장이 있다. 책상 위 유리병 속에 있다.

첫 문장의 '심장'을 '마음'의 은유로 이해할 사람이 대부분이다. 그런데 끝까지 읽어보면 뜻이 뒤바뀌고 글 읽기 경험의 종류도 급변하게 된다. 위 문장만 놓고 보면 화자의 정체는 의학자 또는 살인마가 되니 오싹해진다.

앞부분 의미 역전 화법이 겸손을 가르치기도 한다. 아래는 미국의 인류학자 마거릿 미드의 문장이다.

당신이 절대적으로 고유하다는 걸 항상 기억하라. 모든 사람이 그런 것처럼.

앞 문장을 읽으면 독자 개인에 대한 무한 긍정 같다. 그런데 끝까지 읽으면 나만 유니크한 게 아니라는 뜻이 된다. 모두 똑같이 유일무이한 존재이며 하나같이 고유하고 소중하다는 의미다. 글 읽는 사람은 으쓱했다가 머쓱해진다.

앞부분의 의미를 미묘하게 역전시키는 유명한 예도 있다.

당신이 레스토랑에 들어올 때는 잘생겼다고 생각했어요. 그런데 당신은 곧 말을 시작하고 말았어요. (영화 〈이보다 더 좋을 순 없다〉)

첫 문장만 들으면 외모 칭찬 같은데 두 번째 문장이 외모의 가치를 깎아내린다. 청자는 잘생겼다는 칭찬을 불쾌한 혹평으로 기억하게 될 것이다.

아버지는 평생 말씀하셨다. "세상에는 세 종류의 사람이 있다. 진실을 아는 사람과 진실을 모르는 사람이 그것이다."

끝까지 듣고 나면 미묘하게 슬퍼진다. 아버지는 정신이 온전치 못했거나 허무한 농담을 즐기던 분이다.

연습 문제

다음 ①과 ② 중에서 어떻게 말해야 앞부분 의미 역전 화법이 될까?

① 모든 복잡한 문제에는 간단하고 쉽고 효과적인 답이 있다.
② 모든 복잡한 문제에는 간단하고 쉽고 틀린 답이 있다.

②라고 말하면 앞부분의 의미가 역전된다. '간단하고 쉽고'가 긍정적인 뜻인 줄 알았는데 '틀린'까지 읽으면 그 반대라는 걸 알게 된다. 미국 언론인 헨리 L. 멘켄이 남긴 신랄한 명언이다.

① 너는 언제나 깃털처럼 가볍다. 진지함을 모르는 게 너의 단점이다.
② 너는 언제나 깃털처럼 가볍다. 심각해지지 않는 게 너의 매력이다.

②가 앞 문장의 의미를 역전시킨다. '깃털처럼 가볍다'가 부정적 평가인 줄 알았는데 찬사였던 것이다. ①은 예상 범위 내에 있는 짜증스러운 비난이지만 ②는 상대를 긴장하게 만들었다가 안도와 감격을 느끼게 만드는 기분 좋은 말이다.

① 나는 결코 성공을 꿈꾸지 않았다. 어느 날 성공이 나를 찾아왔다.

② 나는 결코 성공을 꿈꾸지 않았다. 성공을 위해 일을 했다.

②는 미국의 사업가 에스티 로더의 말이다. '꿈꾼다'의 의미가 달라진다. ①은 희망에 가까운 뜻이지만 ②는 몽상의 유의어다. 에스티 로더는 미래를 꿈만 꾸지 말고 성실히 노력하라고 조언하고 있다.

21 섬뜩하고 무서운 표현을 쓴다
수전 손택의 암덩어리

암으로 고통받는 사람의 말이다. 어느 쪽이 더 강렬한가.

강렬해서 잊기 힘든 ②의 원작자는 미국 작가 수전 손택이다. 암의 고통을 직접 겪었던 그는 암을 '악마의 임신'으로 은유했다. 또 종양이 "자기 의지를 가진 태아" 같다고도 했다. 암덩어리가 몸속에 자리를 잡고 마음대로 자라는 걸 생각하면 적절한 비유이다.

가끔은 '악마의 임신'과 같은 무섭고 강한 표현이 호소력을 높인다. 말하자면 충격 화법이 때때로 필요한 것이다.

점잖고 저명한 과학자들도 그런 화법을 썼다.

- 열린 정신은 이롭다. 하지만 너무 열어서 뇌가 떨어지는 건 이롭지 않다. (칼 세이건)
- 어떻게든 열린 정신을 유지하자. 그런데 너무 열어서 뇌가 밖으로 떨어져서는 안 된다. (리처드 도킨스)

뇌가 떨어진다고? 상상하면 충격적 그림이 그려진다. 충격적이어서 그들 유명한 과학자들의 말은 뇌에 각인된다. 그러고 보면 뇌에 각인된다는 표현도 무섭다. 부드러운 뇌에 뭔가를 새긴다는 건 상상만 해도 끔찍하다. 아무튼 충격적 표현이 기억에 유리한 것은 분명한 사실이다.

또 다른 예를 보자.

- 당신이 신에게 말을 하면 그것은 기도다. 그런데 만일 신이 당신에게 말을 한다면 정신분열증이다. (미국의 정신과 의사 토마스 사즈)
- 원하는 것이 하나 있다면 살아갈 이유도 하나 있는 것이다. 만족은 죽음이다. (조지 버나드 쇼)

악마, 뇌 추락, 정신병, 죽음 모두 충격이 강한 개념들이다. 듣는 사람으로서는 싫으면서도 은근히 재미가 있다. 사람에게는 무섭고 끔찍한 것에 대한 비밀스러운 환심이 있으니까, 이런 충격적 화법이 효과를 보는 것이다.

철학자 키르케고르의 무서운 표현도 인상적이다.

> 무엇보다 가장 위험한 자아 상실은 이 세상에서 마치 아무것도 아닌 것처럼 아주 조용하게 일어날 수 있다. 다른 손실은 그렇게 조용할 수가 없다. 팔, 다리, 5달러, 아내 등을 잃는 건 분명하게 느껴질 것이다.

자아 상실과 대비시키려고 팔다리가 떨어져 나가는 상황까지 굳이 거론했다. 깜짝 놀라게 되는 무서운 일을 이야기한 것은 주장을 강렬하게 만들기 위해서다.

상대방을 깜짝 놀라게 하는 충격 화법은 좋은 글의 조건이 된다. 논의를 하려면 좋은 글의 기준부터 먼저 봐야겠다. 하나의 예를 들자면 미국의 작가 빌 버차드[Bill Birchard]는 2021년 7월 〈하버드비즈니스리뷰〉 기고문에서 좋은 글은 8S 조건을 갖춰야 한다고 설명했다.

- 단순성[simplicity] : 표현이 단순하고 간명해야 한다.
- 특수성[specificity] : 일반적이지 않고 특수하고 구체적이어야 한다.
- 유혹[seductiveness] : 군침을 입에 담고 기대하게 만든다.

- 스마트한 생각smart thinking : 독자가 "아하" 탄성을 지르면서 지적인 성취감을 느끼게 돕는다.
- 사람 이야기social content : 객관적 사실의 기술에만 멈추지 말고 사실 속에서 변하고 성장하는 사람에 대한 이야기를 한다.
- 스토리텔링storytelling : 어떤 사람에게 어떤 일이 일어나 어떻게 되었는지 스토리를 말해준다.
- 감정을 휘젓는 표현stirring language : 즐거움, 슬픔, 기쁨, 두려움을 일으키는 단어를 쓴다.
- 놀라움surprise : 독자가 놀랄 상황을 연출해낸다.

무서운 표현은 위 여덟 가지 조건 중에서 마지막 두 가지를 충족시킨다. 감정을 휘젓고 놀라움을 일으킬 수 있는 것이다. 무서운 표현만 써도 좋은 글쓰기의 조건이 1/4은 충족된다고 단순 산술이 가능하다.

그런데 문제가 있다. 강한 표현은 붉은색처럼 오래 보면 피곤하다. 적정선을 넘으면 말하는 사람이나 듣는 사람 모두 괴로워진다. 그럴 땐 방법이 있다. 회귀다. 충격에 도달했으면 다시 편안함으로 돌아오는 것이다. 그런 예를 미국 출신 작가 빌 브라이슨이 보여준다.

2019년 5월 뉴질랜드 라디오 방송 RNZ와 인터뷰하면서 빌 브라이슨은 의대생이 아니면 평생 겪기 힘든 경험에 대해 말했다. 영국 노팅엄 대학교에서 인체 해부 과정을 참관한 적이 있었다는 것이다. 심정이 어땠을까? 무척 긴장되었고 무서웠다고 한다.

> 나는 기절해서 바보가 되고 바닥에 머리를 세게 찧을 거라고 무척 걱정했어요. 나는 비위가 약한 사람이니까요.

듣는 사람도 걱정을 하게 된다. 한 소심한 작가가 책을 한 권 써보려고 인체 해부실에 들어가 고생을 하게 생겼다. 불쌍하고 걱정될 수밖에 없다. 그런데 해부 실습장의 빌 브라이슨은 금방 밝아졌다. 토할 것 같은 느낌은 5초뿐이었고 해부 장면은 오히려 "매혹적"이었다고 했다.

> 실제 사람을 검사하고 있다는 사실은 잊었고 사람이 하나의 시스템, 일종의 기계로 보여서 매혹되었습니다.

시신, 기절, 메스꺼움에서 시작해서 매혹으로 옮겨갔다. 예상을 넘어서는 밝은 전개였다. 기분 좋은 반전이고 상쾌한 엔딩이다.

빌 브라이슨은 사전에 스토리 전개 과정을 계획했을 것이다. 먼저 끔찍하고 놀라운 이야기로 시작해서 청자들을 사로잡은 후에 밝고 기분 좋게 끝내주기로 작심했다고 추정할 수 있다. 그는 능숙한 영화감독 같았다. 주인공을 고생시키다가 결말에서는 푸른 낙원에 도착하도록 연출하는 공포 영화 감독 말이다.

우리도 그렇게 말해보자. 공포로 시작했다가 행복으로 끝나는 것이다.

- 너 자신을 잃지 마. 그건 팔다리 잃는 것보다 더 해로워. 항상 네가 원하는 대로 행복하고 온전하게 지내길 바랄게.
- 정말 무서웠어. 기절해서 머리를 바닥에 찧지 않을까 걱정했어. 그런데 면접은 별것 아니더라고. 그냥 늙고 심심한 동네 아저씨랑 대화해준다고 생각하니까 여유가 생기던걸.
- 머리를 열어서 뇌를 식히고 싶어. 며칠 동안 스트레스가 너무 심했어. 오늘은 환상적으로 행복한 수다를 떨며 시간을 보낼 거야.

무섭고 강렬한 표현이 내 말에 생명을 불어넣는다. 청력을 독점하는 마력도 생기게 한다. 다만 브레이크가 필요하다. 상황과 목적에 따라 강하고 충격적인 표현의 양을 조절해야 하는 것이다. 듣는 사람의 심장이 녹아내리지 않게 말이다.

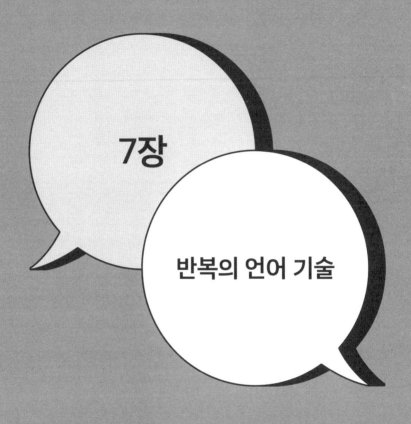

7장

반복의 언어 기술

반복은 수사법 중에서 본능적인 부류다. 배우고 계획해서 반복의 수사법을 쓰는 경우도 있겠지만 간절하거나 복받쳐도 저절로 말이 반복된다. 이번 장에서는 반복법의 8가지 스타일에 관해 이야기한다.

22 단순 반복을 피한다
한강의 무의식적 회피

보통 사람은 글쓰기가 고역이다. 그러면 이름 높은 한강 작가에게는 소설 쓰기가 즐거운 일일까? 물론 아니다. 최고의 언어 능력을 가진 것 같은 그도 글쓰기는 고통이다. 그런데 고통은 소설마다 강도가 다른 모양이다. 작가는 독자와의 대화에서 그런 사정을 설명했는데, 그때 작가의 말은 어땠을까? (유튜브 채널 〈문학동네〉)

작가의 말이 ①이라면 문장은 이렇게 된다.

그중의 어떤 소설은 많이 고통스럽고 그중의 어떤 소설은 덜 고통스럽다.

위와 같이 말했다면 청자의 마음속에 어떤 감정이 떠오를까? 실망감이다. 왜냐하면 단순 반복이기 때문이다. "고통스럽다"와 "덜 고통스럽다"라는 반대말이지만 글자 하나만 다르니까 거의 같은 말을 반복한 느낌을 준다. 무성의해 보인다. 실망스럽다.

우리 같은 평범한 사람들은 아무렇지 않게 단순 반복을 일삼는다.

- 어떤 친구는 다정하고 어떤 친구는 다정하지 않다.
- 어떤 일은 쉽지만 어떤 일은 쉽지 않다.

위 문장들은 대조가 선명한 게 장점이지만 너무 쉽게 만들었다는 약점도 있다. 뇌가 에너지를 거의 쓰지 않고 복사해서 붙이기를 하듯이 만들어낸 말들이다. 화자가 쉬웠다면 청자는 재미없다. 화자가 편안했다면 청자는 지루하게 된다.

그 정도의 사실을 알았을 한강 작가는 ①의 단순 반복을 피하고 ②처럼 말했다. 그런데 언어 능력자인 그라고 해서 대체 표현 만들기가 쉬웠던 것은 아니다. 한강 작가의 정확한 발언을 분석해보면 알게 된다.

그중의 어떤 소설은 아주 고통스럽고 그중의 어떤 소설은, 어… 상대적으로 더 밝기도 하고

작가는 무대 위에서 "어…"라는 소리를 냈다. 이때 "어"는 도대체 무엇일까? 힘들어서 낸 소리이다.

정형화된 말formulaic language이란 게 있다. 형태가 정해져서 굳어진 그런 말에는 "어…" "음…" "그…"가 포함된다. 또 "잠깐만 기다려 봐" "그러니까 말이야" "그게 뭐냐면"도 같은 부류다.

이런 정형화된 말을 쓴다면 뇌가 과부하 상태라는 증거이다. "어"라고 말한 한강 작가도 "상대적으로 더 밝다"라는 표현을 찾느라 인지적 부담이 컸다고 추정할 수 있다.

왜 그렇게까지 애를 써야 했을까? 그래야 단순 반복을 피할 수 있고 청자가 지루하지 않기 때문이다.

단순 반복을 하면 청자가 싫어한다. 나의 말 또는 글도 후줄근해진다. 그러므로 단순 반복의 위험이 있는 것들은 머릿속 어휘 사전에서 대체 표현을 찾아야 하는 것이다. 힘들면 중간에 "어"라고 말하면서 시간을 끌어도 좋다. 어길 수 없는 규칙은 단순하게 되풀이해서는 안 된다는 것이다. 그럴 때 청자가 즐겁고 나의 말과 글도 번듯해진다. 언어 훈련이 된 사람들은 그렇게 생각하며 실행한다. 모두 무의식적으로 이루어지는 과정이다.

해외의 언어 능력자들도 단순 반복을 피하려고 노력한다. 알베르트 아인슈타인도 예다. 그는 다음 어떻게 말했을까?

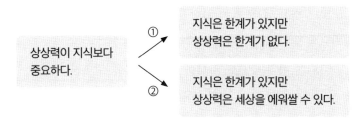

한계가 "있다"와 "없다"는 같은 말은 아니지만, 너무 쉬운 반대어여서 단순 반복과 진배없다. 아인슈타인은 ①이 아니라 ②라고 말했을 것이다. "상상력은 한계가 없다"를 "상상력은 세상을 에워쌀 수 있다.Imagination encircles the world."로 대체한 것이다.

일본 작가 무라카미 하루키도 단순 반복 회피 노력을 보였다. 2009년 3월 프랑스 문학잡지 〈3:AM 매거진〉과 인터뷰하면서 이렇게 말했다.

나의 우상은 도스토옙스키이다. 대부분 작가는 나이가 들면서 갈수록 약해진다. 도스토옙스키는 아니었다. 그는 갈수록 더 커졌고 위대해졌다.

무라카미 하루키는 쉬운 반대어를 쓰지 않았다. "다른 작가들은 약해지지만, 도스토옙스키는 갈수록 강해졌다"라고 하지 않은 것이다. "강해졌다" 대신에 "더 커졌고 위대해졌다^{bigger and greater}"고 표현했다. 그도 무의식적으로 단순 반복을 회피했던 것이다.

말 잘하고 글 잘 쓰는 사람은 반복하지 않는다. 단순 반복을 무의식적으로 회피하려고 뇌의 에너지를 기꺼이 쓴다.

그런데 아주 중요한 사실이 있다. 반복을 무조건 피해야 하는 것은 아니다. 적극적으로 반복해야 하는 경우가 있다. 주로 선명한 뜻을 전달하기 위해서다. 단순하지 않고 고급스러운 반복 기술도 많다. 반복에 대해서는 다음 절에서 이야기해보자.

▶ 우리 일반인도 단순 반복 표현을 피해야 품위 있게 말하게 된다. ①과 ②가 뜻이 같아지도록 빈칸을 채워보자.

① 어떤 친구는 다정하고 어떤 친구는 다정하지 않다.
② 어떤 친구는 다정하고 어떤 친구는 _____ 다.

①에서 "다정하다"와 "다정하지 않다"가 쓰였다. 단순한 반대어를 썼기 때문에 말이 무성의하게 들린다. 단순 반복을 피하려면 이렇

게 말하면 된다. "어떤 친구는 쌀쌀맞다." "어떤 친구는 살갑지 않다" 도 된다. "싸늘하다" "차갑다" "냉담하다" "매정하다"도 모두 가능하다. 물론 더 좋은 표현은 여러분 머릿속에 있을 것이다.

① 어떤 일은 쉽지만 어떤 일은 쉽지 않다.
② 어떤 일은 쉽지만 어떤 일은 _____ 다.

"어떤 일은 쉽지만 어떤 일은 고되다"라고 하면 되겠다. "고되다" 대신에 "벅차다" "험하다" "힘겹다" "감당할 수 없다" 도 가능하다.

① 네 나이에 공부라니 새삼스럽다. 너무 새삼스러워.
② 네 나이에 공부라니 새삼스럽다. 너무 _____ 다.

낱말에 변화를 주면서 문장을 새롭게 만들 수 있다. "난데없다"라 거나 "생뚱맞다"를 쓰면 된다.
아래는 칼릴 지브란의 말이다. 단순 반복되지 않게 빈칸을 채워보자.

낙관주의자는 가시가 아니라 장미를 보고 비관주의자는 _____ 한 다.

칼릴 지브란은 이렇게 말했다. "낙관주의자는 가시가 아니라 장미를 보고 비관주의자는 장미를 잊고 가시를 응시한다."

▶ 오프라 윈프리는 뭐라고 했을까? 빈칸을 채워보자.

가진 것에 주목하면 당신은 항상 더 많이 갖게 된다. 하지만 갖지 못한 것에 주목하면 당신은 _____ .

앞문장에서 "더 많이 갖게 된다고"고 했으니 뒤에서는 "더 적게 갖게 된다"라고 할법한데 오프라 윈프리는 "충분히 가질 수 없다"고 했다. 변화를 줘서 단순 반복을 피한 것이다. "가진 것에 주목하면 당신은 항상 더 많이 갖게 된다. 하지만 갖지 못한 것에 주목하면 당신은 절대 충분히 가질 수 없다."

23 붙여 반복하기와 띄어 반복하기

이어령의 마지막 인사

앞에서 봤듯이 단순 반복은 단조로워서 피하는 게 낫다. 그런데 재미있는 반복의 기술도 많다. 그중 몇 가지만 알아도 신나는 말들을 듬뿍 만들어낼 수 있다. 여기서는 두 가지를 이야기하자. 붙여서 반복하기와 띄어서 반복하기이다.

먼저 붙여서 반복하기이다. 견딜 수 없이 뜨거운 사랑의 마음을 전달하는 문장은 어느 쪽일까?

전혀 어렵지 않은 문제다. ②처럼 연속 반복하면 의미가 강해진다. "몰라"보다는 "몰라, 몰라, 몰라"가 더 분명하고 "미워"보다는 "미워, 미워, 미워"가 의미가 더 뚜렷하다.

붙여 반복하기

이와 같은 반복법은 아주 흔하고 쉬운 표현법이지만 엄연히 수천 년 계보가 있는 수사법이다. 영어로는 에피죽시스^{epizeuxis}라고 하는데 "함께 묶다"를 뜻하는 그리스어에서 왔다. 뜻은 간단하다. 같은 낱말을 붙여서 반복하는 수사법이다.

붙여서 반복하면 뜻이 정확히 전달될 뿐 아니라 듣는 사람의 마음도 뜨거워진다. 역사적인 정치인이자 명연설가였던 윈스턴 처칠은 아래처럼 말해서 청중에게 영감을 주었다.

> 절대로 포기하지 마세요. 명예와 올바른 판단에 따라 확신한 게 아니라면, 엄청난 일이건 작은 일이건 큰일이건 사소한 일이건 절대로, 절대로, 절대로, 절대로 포기하지 마십시오.

절대로^{never}를 연속해서 썼다. 붙여서 반복하기이다. 청중의 마음이 끓어올랐을 것이다.

차분한 문학에서도 붙여서 반복하기는 흔하다. 가령 미국의 작가 헨리 데이비드 소로는《월든》에서 이렇게 말했다.

단순함, 단순함, 단순함. 당신의 일이 백이나 천이 아니라 둘이나 셋이 되게 하라.

우리도 쉽게 응용할 수 있다. 상대를 기쁘게 만들려면, 장난스럽게 낱말을 두세 번 연달아 반복하면 효과적이다.

실전 대화 팁

- 맛있어. 맛있어. 맛있어. 정말로.
- 감사합니다. 감사합니다. 진심입니다.
- 너는 아름다워. 아름다워. 아~름~다워.
- 그리워, 그리워, 그리워.

띄어서 반복하는 표현법

붙여서 반복하기 대신에 띄어서 반복하는 수사법도 있다. 먼저 문제를 풀어보자. 다음 중에서 더 기분 좋게 들릴 말은 어느 것일까?

① 다음에 또 봬요. 만나서 반가웠습니다.
② 다음에 또 봬요. 만나서 반가웠습니다. 무척 반가웠어요.

듣기 좋은 말은 ①보다는 ②번이다. 반복하면 강조되기 때문이다. '반갑다'를 두 번 말했더니 인사치레가 아니라 진심인 것처럼 들린다.

②의 반복법을 디아코피^{diacope}라고 부르는데 '띄어 반복하기'라고 생각하면 된다. 짧은 단어나 어구를 중간에 끼워 넣고 같은 말을 반복하는 것이다.

그 사람이 나를 도와줬어. 천사 같은 그 사람이 나를 도와줬어.

'천사 같은' 앞뒤에서 같은 문장이 반복되었다. 도움을 받아 큰 감동을 했다는 느낌을 강조해서 전하게 된다.

이번에는 아주 유명한 예다. 스파이 영화의 주인공 007 제임스 본드는 자기 이름을 이렇게 소개한다.

본드. 제임스 본드.

본드라는 이름이 기억에 남게 된다. "제임스 본드, 제임스 본드"

라고 이름 전체를 붙여서 반복하는 것보다 간결해서 좋다.

　햄릿의 가장 유명한 대사도 원문을 보면 역시 띄어서 반복하기다.

To be or not to be? That is the question. (살 것인가 안 살 것인가? 그것이 문제다.)

　우리 소설가 중에도 띄어 반복하기를 활용하는 이들이 있다.

　정세랑 작가가 tvN 〈유 퀴즈 온 더 블럭〉에 출연했을 때다. 작가는 예약을 잘못해서 귀신 나올 것같이 낡고 무서운 숙소에 묵었다고 했는데 그 경험이 오히려 도움이 되었다고 한다. 그 숙소의 이미지를 활용해 소설 속 악한들의 근거지로 그려냈기 때문이다. 정세랑 작가는 이렇게 말했다.

요번 소설에서 사실은 주요 배경으로 썼거든요. 악당이 사는 집으로. (하하) 악당이 사는 집으로 썼고.

　온점과 웃음소리를 사이에 두고 "악당이 사는 집으로"를 반복했다. 귀신 나올 것 같은 여행 숙소를 악당의 소굴로 활용했다는 걸 강조하고 싶었던 것이다.

　고 이어령 작가는 생의 끝에서 세상 사람들에게 마지막 인사를 이렇게 남겼다(tvN 〈이어령의 내가 없는 세상〉).

잘 있으세요. 여러분. 잘 있어요.

잘 있으라는 인사가 "여러분"을 사이에 두고 반복되었다. 세상 사람들의 안녕을 바라는 진심과 이별하는 슬픔이 모두 깊이 느껴진다.

띄어서 반복하기는 쉽고 편하며 효과가 괜찮다. 예를 들어서 이렇게 말하면 되는 것이다.

실전 대화 팁

- 나는 놀랐습니다. 아주 놀랐어요.
- 나는 굉장히 기뻤습니다…. 기뻤어요.
- 미안했다. 말할 수 없이 미안했어.
- 이 제품은 성능이 좋습니다. 보기 드물게 성능이 좋아요.

단어, 어구, 말없음표를 사이에 두고 같은 말을 반복하면 진심이 전해진다.

반복 기술이 향상되면, 좀 더 멀리 띄어서 반복하는 것도 가능하다.

- 박테리아가 얼마나 작은지 아세요? 머리카락 한 올 너비에 20개의 박테리아를 올려놓을 수 있어요. 20개씩이나요.
- 거미에게는 보통 눈이 4쌍이 있어. 그러니까 8개가 있는 것이죠. 머리 위에 눈이 있어서 사방을 동시에 볼 수 있어요. 거미는 안전한 거예요. 8개의 눈 덕분에요.

놀라운 사실을 반복하면서 자신의 지적 능력을 은근슬쩍 과시했다. 반복법은 아무 때나 아무 곳에서나 티 나지 않게 쓸 수 있는 유용한 언어 기술이다.

연습 문제

▶ 붙여 반복하기와 띄어 반복하기 기법을 써서 아래 문장을 바꿔보자.

나는 너의 무례가 싫다.

아래와 같이 바꿀 수 있다.

(붙여 반복법) 나는 너의 무례가 싫어, 싫어, 싫다고.
(띄어 반복법) 나는 너의 무례가 싫어⋯. 무척 싫어.

▶ 다음 문장도 두 가지 반복법으로 바꿔보자.

나의 몸과 마음은 지쳤다.

여러 형태로 변형할 수 있을 텐데 아래도 가능한 방법이다.

(붙여 반복법) 나의 몸과 마음은 지쳤다. 지쳤다. 지쳐서 쓰러질 것 같다.
(띄어 반복법) 나의 몸과 마음은 지쳤다. 회복할 수 있을까? 난 몹시 지쳤다.

24 첫말 반복, 끝말 반복, 중간 말 반복

노무현의 큰 사람

내일 만나기로 한 연인이 문자를 보냈다. 어느 쪽이 더 뜨거운가?

②가 강하다고 할 수 있다. 부사 '무척'의 강조 의미 때문이기도 하지만 반복 사용이 뜻을 몇 배 더 강하게 만든다.

아래의 예문도 같은 이유 때문에 느낌이 강해졌다.

① 나는 그러지 않았어요. 나는 안 그랬어요. 나는 결백합니다.

② 결코 오늘을 잊지 마. 결코 잊어서는 안 돼.

①의 경우 '나는'이 문장 맨 앞에서 세 번 반복되어 다른 누구도 아닌 나의 결백을 강조하고 있다. ②에서는 '결코'가 반복되었다. 듣는 사람으로서는 잊으면 큰일이라도 날 것 같다.

아나포라, 첫말 반복하기

위의 표현들처럼 인접한 절이나 문장의 맨 앞에 같은 요소를 반복하면 메시지가 강해지는데, 이런 화법을 아나포라^{anaphora} 라 불린다. 우리말로는 '첫말 반복'이 어울린다.

반복되는 요소가 더 길어질 수도 있다.

애플을 위한 치료책은 비용 절감이 아니다. 애플을 위한 치료책은 현재의 곤경에서 벗어나도록 방식을 혁신하는 것이다. (스티브 잡스)

"애플을 위한 치료책"을 두 문장의 앞부분에 반복 사용했다. 그 때문에 애플을 치료해야 한다는 메시지가 강하게 전달된다.

문단의 맨 부분을 반복할 수도 있다. 흑인 인권 운동가인 마틴 루서 킹의 역사적인 연설이 대표적인 예이다.

> 나는 꿈이 있습니다. 조지아의 붉은 언덕에서 과거 노예의 아들과 과거 노예
> 주의 아들들이 언젠가 형제애의 테이블에 함께 앉는 꿈입니다.
> 나는 꿈이 있습니다. 부정의의 열기와 억압의 열기로 찌는 듯했던 미시시피
> 주조차 언젠가 자유와 정의의 오아시스로 변하는 꿈입니다.
> 나는 꿈이 있습니다. 언젠가 나의 네 아이가 피부색이 아니라 인격의 내용으
> 로 평가받는 나라에서 살아가는 꿈입니다. 나는 오늘 꿈이 있습니다.

인종 차별이 없는 세상에 대한 열망이 뜨겁게 느껴진다. 내용도
내용이지만 말 형식의 효과이기도 하다. 문단 첫 부분이 반복되면서
메시지를 강하게 전달한다.

에피포라, 끝말 반복

첫말 반복과는 반대로 절과 문장의 끝부분을 반복하는 표현 방법
도 많이 쓴다. 에피포라^{epiphora}라고 하는데 '끝말 반복'으로 기억하면
되겠다.

태도는 선택이다. 행복도 선택이다. 낙관주의도 선택이다. 친절함도 선택이

다. 나눔도 선택이다. 존중도 선택이다. 무엇이건 당신이 선택하는 것이 당신을 만든다. 현명하게 선택하라. (로이 T. 베넷)

선택이 문장 끝에 반복된다. 엄중한 충고를 듣는 느낌이 든다.

너는 사람이고 나도 사람이고 여기 있는 모두가 사람이다. 네가 원하는 것은 존중이고, 내가 원하는 것도 존중이고, 여기 우리 모두가 원하는 것은 바로 합당한 존중이다.

모두가 평등하고 모두가 존중을 원한다는 메시지를 끝말 반복을 통해서 반복했다. 끝말 반복의 대표 가사로는 〈우리의 소원〉이 있다.

우리의 소원은 통일 꿈에도 소원은 통일
이 정성 다해서 통일 통일을 이루자
이 겨레 살리는 통일 내 나라 찾는 내 통일
통일이여 어서 오라 통일이여 오라

김훈 작가는 2015년 〈JTBC 뉴스룸〉에 출연해서 끝말 반복의 사례를 보여줬는데 우리나라에서는 아주 희귀하다.

나는 뭐가 꼭 되고 싶거나 이루고 싶다는 생각은 별로 없어요. 내가 무슨 사후에 나의 명성을, 독자들이 나를 기억해줄 만한 작품을 만들고 싶다, 그런 욕심이 나는 없어요. 진짜 없어요. 나는 없어요. 나는 매일매일 살아갈 뿐이에요. 단지 살아갈 뿐이고 그런 목표를 갖고 있지 않아요.

"없어요"가 네 번 반복이 되지만 "그런 목표를 갖고 있지 않다"도 같은 말이므로, 이 길지 않은 글귀에서 "없어요"가 다섯 번 쓰인 셈이다. 속을 뒤집어 보여주고 싶은 강한 의지가 끝말 반복을 통해서 표출되었다.

첫말 반복과 끝말 반복의 혼합

그런데 앞말 반복과 끝말 반복을 뒤섞을 수도 있다.

우리에게는 세계 최고의 음악 플레이어인 아이팟이 있습니다. 우리에게는 새로운 모델 아이팟 나노가 있습니다. 우리에게는 놀라운 신제품 아이팟 셔플이 있습니다. (스티브 잡스)

어쩌면 이렇게 단순할 수 있을까? 쉬운 표현들이 문장의 앞과 뒤에서 여러 번 반복되어 있다. 듣는 사람이 이 단순한 말 속에 빨려든다.

한 위대한 철학자도 첫말 반복과 끝말 반복을 혼합해서 글을 썼다.

신을 믿는 것은 인생의 의미에 관한 질문을 이해한다는 뜻이다. 신을 믿는다는 것은 세상의 사실들이 문제의 끝이 아니라는 걸 안다는 뜻이다. 신을 믿는다는 것은 인생에 의미가 있다는 걸 안다는 뜻이다. (루트비히 비트겐슈타인 1916년 7월 일기)

"신을 믿는다는 것은"과 "안다는 뜻이다"가 앞뒤에서 반복되니 안정감이 높고 재미도 있다.

중간 말 반복하기

문장의 처음과 끝 대신에 중간 부분을 반복하는 것도 가능하다. 고 노무현 전 대통령이 이 어려운 걸 아무렇지도 않게 해낸 적이 있다.

2008년 5월 김해에서 노무현 전 대통령이 어린이들과 대화를 나누는 장면이 유튜브에 남아 있다. 대통령은 착한 사람과 큰 사람 중에서 어떤 사람이 되고 싶은지 물은 후에 이렇게 자신의 생각을 정리해서 말했다.

권력을 크게 잡은 사람도 큰 사람이라고 말하고
돈을 많이… 돈을 크게 번 사람도 큰 사람이라고 말하고
또 이름을 크게 날린 사람도 큰 사람이라고 말하지만
그러나 그 무엇보다도 이 바탕에는
착한 일을 크게 한 사람이 큰 사람이에요.

중간중간 "크게"가 반복된다. 두 번째 줄에서는 "돈을 많이"라고 했다가 곧바로 "돈을 크게"로 수정했다. 이 말실수 수정이 명백한 증거다. "크게"를 반복하기로 대통령의 뇌가 단단히 작심하고 있었던 것이다.

중간의 음만 같은 게 아니다. 각 소문장의 문법적 구조도 똑같다. "~을 크게 한 사람이 큰 사람"으로 반복되었다. 이러니 리듬이 저절로 생긴다. 말이 노래 같아서 듣기만 해도 흥이 난다. 전날 원고 준비를 했을 것 같지는 않다. 현장 즉석에서 발휘된 희소한 언어 능력이다.

25 뿌리가 같은 말을 반복한다
로버트 프로스트의 사랑론

어떤 표현이 더 인상적일까?

①을 꼽을 독자도 있겠지만, 영국 역사가 액톤 경^{Lord Acton}의 유명한 경구는 ②이다. 그의 문장을 직역하면 이렇게 된다.

절대적 권력은 절대적으로 부패한다.

'절대적 absolute'와 '절대적으로 absolutely'가 보인다. 둘은 뿌리가 같지만, 말끝이 다르다. 부모가 같은데 생김새가 다른 자매 혹은 형제인 것이다. 그렇게 뿌리가 같은 어휘를 반복하는 수사법을 폴립토톤 polyptoton 이라고 하는데 '한 뿌리 어휘 반복법'으로 이해하면 되겠다.

뿌리가 같은 단어를 반복하면 무엇보다 재미가 있다. 비슷하게 생긴 아이들이 줄지어 달리는 게 신기한 것과 마찬가지다.

만일 액톤 경이 "절대 권력은 예외 없이 부패한다"라거나 "절대 권력은 반드시 부패한다"라고 말했다면 명언으로 남지 못했을 수도 있다. 말이 재미도 없고 평범하기 때문이다. 반면 '절대적'과 '절대적으로'가 연쇄되면 다르다. 재미가 생기고 반복, 강조, 각인 효과가 높아진다.

심리학자 카를 융의 아래 문장도 수사법이 같다.

건강한 사람은 남을 고문하지 않는다. 보통은 고문당한 사람이 고문 가해자 된다.

'고문', '고문당한', '고문 가해자'가 보인다. 뿌리가 같은 표현이 반복되어서 의미가 강조되는 것은 물론이고 고문 피해와 고문 가해가 긴밀히 연결된 느낌도 준다. 평범한 것 같지만 형식이 뛰어난 문장이다.

문장의 좋은 형식을 봤다면 재빨리 익혀놓는 게 좋다. 아래처럼 응용 연습을 하면 된다.

- 건강한 사람은 남을 비난하지 않는다. 비난을 듣고 자란 사람은 비난하는 사람이 된다.
- 아무나 사랑할 수 있는 게 아니다. 사랑받은 사람이 사랑하는 사람이 된다.

플립토톤, 즉 한 뿌리 어휘 반복법의 예는 많다.

- 성공의 비밀은 평범한 일을 평범하지 않게 잘하는 것이다. (존 D. 록펠러 주니어)
- 성공한 사람은 성공 못 한 사람이 안 하려는 일을 한다. (짐 론)

'평범한'과 '평범하지 않게'가 한 문장에 있다. 또 '성공한'과 '성공 못 한'이 함께 쓰였다. 같은 뿌리이면서도 대비되는 어휘들이어서 인상 깊다.

아래의 문장도 재미있다.

사랑은 견딜 수 없이 욕망되고 싶은 견딜 수 없는 욕망이다. (로버트 프로스트)

상상해볼 수 있다. 위의 문장으로 결정하려고 시인은 고심이 깊었

을 것이다. 시인이 저울질한 후보는 아래와 같은 세 개의 문장이었을
지 모른다.

- 사랑은 욕망 받고 싶은 욕망이다.
- 사랑은 견딜 수 없이 욕망 받고 싶은 욕망이다.
- 사랑은 견딜 수 없이 욕망 받고 싶은 견딜 수 없는 욕망이다.

어느 것이 가장 나을까. 깊은 뜻을 담고 있을 뿐 아니라 읽고 듣는
재미가 큰 문장은 무엇일까. 시인은 그렇게 고민했을 수 있다. 그리고
결정했을 것이다. 맨 마지막 문장이 특별하다고. '견딜 수 없이'와 '견
딜 수 없는'이 함께 쓰였고 '욕망 받다'와 '욕망'도 연쇄되었기 때문이
다. 시인이 선택한 이중적 플립토톤의 효과는 아주 인상적이다(원래 문
장은 이렇다. Love is the irresistible desire to be irresistibly desired.).

일상생활에서 뿌리가 같은 어휘를 반복해서 많이 쓴다. 플립토톤
은 시적이고 철학적인 느낌을 자아내기도 한다.

실전 대화 팁

- 나를 판단하지 마세요. 나는 판단 받는 게 싫어요.
- 네가 슬퍼하니 나도 슬픔을 느끼지 않을 수 없다.

- 나는 네가 나오는 아름다운 꿈속을 걷는 꿈을 꿨다.
- 너만의 삶을 살아라. 너만의 노래를 노래해라.
- 사람은 자신이 소유한 것에 소유 당하게 된다.

연습 문제

뿌리가 같지만, 모양이 조금 다른 어휘들을 활용한 문장들이다. 알맞은 어휘를 빈칸에 채워보자.

대중들 자신이 지배한다고 믿게 하라. 그러면 _____ 것이다. (윌리엄 펜)
이 세계의 가장 이해할 수 없는 사실은 세계를 _____ 는 것이다. (알베르트 아인슈타인)

각각 '지배당할'과 '이해할 수 있다'이다.
《월든》을 쓴 미국의 작가 헨리 데이비드 소로는 머리가 복잡해지는 격언을 남겼다.

아는 것을 _____ 걸 알고 모르는 것을 _____ 걸 아는 것, 그것이 진정한 지식이다.

소로는 이렇게 말했다. "아는 것을 안다는 걸 알고 모르는 것을 모른다는 걸 아는 것, 그것이 진정한 지식이다."

아래는 셰익스피어의 희곡에서 카이사르가 한 말이다. 역시 빈칸을 채워보자.

겁쟁이는 죽기 전에 여러 번 _____ .
용감한 자는 단 한 번만 _____ 의 맛을 본다.

카이사르는 이렇게 말했다. "겁쟁이는 죽기 전에 여러 번 죽는다. 용감한 자는 단 한 번만 죽음의 맛을 본다."

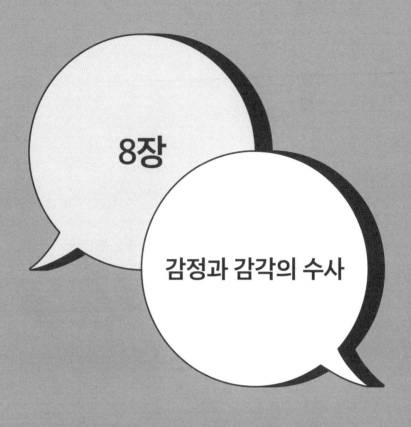

8장

감정과 감각의 수사

언어는 감정을 북돋우거나 감정을 흔드는 수단이 된다. 또 감정을 고백하는 언어가 나의 취향을 변호해줄 수도 있다. 언어는 감정의 중추와 맞닿아 있다.

26 '더' 비교급 표현을 쓴다

박완서의 응원

듣는 이의 관심을 끌려면 어떻게 말하는 게 좋을까?

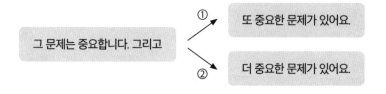

②라고 해야 상대가 집중할 가능성이 크다. 한 음절이 큰 차이를 만든다. "또"보다는 "더"의 주의 집중 효과가 월등하다.

대부분 사람은 은밀히 주의력 결핍 상태에 놓여 있다. 평상시에는 전혀 모르다가 책을 읽거나 이야기를 듣다 보면 우리는 주의력결핍 과

잉행동장애 성향이 자기 속에 있다는 확인하고 놀라게 된다. 읽고 듣는 동안 사람 마음은 변덕스럽다. 딴생각으로 도망치고 싶어서 안달이다. 그런 잔나비의 마음을 붙잡아야 내 뜻을 전할 수 있을 텐데 방법이 뭘까? 아주 많다.

놀라운 이야기를 해주면 상대의 주의력이 높아진다. 상대의 이익이나 관심에 딱 부합하는 이야기도 효과를 볼 것이다. 위기감을 고조시키거나 지적인 열망을 일으키는 이야기 앞에서도 잔나비의 마음이 얌전해진다.

그런데 이야기 내용만큼이나 중요한 것이 있다. 바로 이야기 구조다. 계단식 구조를 꾸미면 상대방의 주의력이 상승한다. '한 칸만 더 올라가보자'라고 작심하도록 유인하는 것이다. 이런 이야기 구조를 지을 때 특별히 유용한 재료가 바로 부사 '더'이다. 이렇게 말하면 된다.

실전 대화 팁

- 이야기를 하나만 더 하겠습니다.
- 이 고비만 넘어가면 훨씬 쉬워집니다.
- 재미있었죠? 그런데 더 재미있는 이야기가 남아 있어요.
- 지금까지 이야기한 것도 중요하지만 이건 중요도가 월등합니다.

간단하다. 이것만 더 하자, 이것은 더 좋은 것이다, 라고 말하는 것으로 충분하다. 십 분만 올라가면 산 정상이라고 다독거리듯이 말해야 하는 것이다. 속임수 같다고? 걱정할 것 없다. 속임수를 부리지 않으면 된다. 더 중요하거나 더 재미있는 것을 찾아서 덧붙여주면 문제가 해결되는 것이다. 그렇게만 하면 나의 말은 더 주목받고 청자는 더 재미있어 할 것이다.

예문을 더 살펴보자.

- 전쟁에서 이기는 것으로는 충분하지 않다. 더 중요한 것은 평화를 조직하는 것이다. (아리스토텔레스)
- 성공하려는 의지도 중요하지만 보다 중요한 것은 준비하려는 의지이다. (바비 나이트)

읽어보면 알겠지만, 문장 끝까지 주의력이 유지된다. 그것은 '더'와 '보다' 때문이다. 더 중요한 게 있다고 하니 딴 데 정신을 팔 수 없는 것이다.

우리도 말할 때 비슷하게 말하면 된다. 아래와 같은 도입부를 입에 붙여놓으면 청자의 주의력을 수월하게 조정할 수 있게 된다.

- 더 중요한 이야기는 ~
- 더 주의 깊게 들어야 할 게 있는데 ~

- 더욱 놀라운 일은 ~
- 더더욱 기억해야 할 게 있어요.
- 더욱더 의미 있는 것은 ~

그런데 '더'가 주의 집중력만 높이는 게 아니다. 사람의 존재 가치도 높이게 된다. 우선은 말하는 내가 중요해진다. '더'를 적절히 쓰면 가치 있고 흥미로운 것을 속에 쌓아둔 사람으로 자기 묘사할 수 있게 된다. 스티브 잡스처럼 "하나 더!"라고 외쳐보면 알 수 있다. 청자들은 나에게 집중하고 기대감을 갖게 된다. 나는 무대 조명을 독점하는 가치 높은 사람이 되는 것이다.

'더'는 말을 듣는 사람의 존재 가치도 높인다. 2002년 고 박완서 작가가 MBC 〈느낌표〉에 출연했을 때다. 진행자인 김용만 씨와 유재석 씨에게 독서를 권하는 박완서 작가의 말은 과연 어땠을까?

① 책을 많이 읽으시면 고급의 개그를 하실 수 있을 겁니다.
② 책을 많이 읽으시면 더 고급의 개그를 하실 수 있을 겁니다.

'더' 한 글자 차이가 상대의 마음을 다르게 한다. ①처럼 '더'가 없으면 지금은 고급 개그가 아니라는 뜻이 될 수도 있다. ②는 다르다. '더' 덕분에 상대는 현재도 고급 개그맨이라고 인정받게 된다. '더' 한 글자가 마술을 부렸다.

우리에게도 그렇게 말하는 습관이 필요하다. "당신은 더 좋은 사람/직원/사장/어린이가 될 수 있다"라고 말해주는 것이다. 상대의 가치를 높이고 감동을 이끌어내고 관계의 질을 높일 것이다. 박완서 작가의 응원을 들었던 방송인들도 자신의 가치를 높이 평가한 것에 감사하고 감동했을 것이다.

신기하게도 '더'는 내가 나 자신을 높이는 데에도 쓰인다. 자신에 대한 예의를 지키려면 어떻게 다짐해야 할까?

① 나는 좋은 사람이 되겠다.
② 나는 더더욱 좋은 사람이 되겠다.

①에는 자기 비하가 깔려 있다. 자신이 나쁘다는 생각이 전제라면 다짐은 건강하기 어렵다. ②가 자신에 대한 예의를 지킬 뿐 아니라 훨씬 효과적이다. 변신이 아니라 발전하겠다고 다짐해야 더 쉽게 느껴지기 때문이다.

더는 나를 낮추는 데도 쓴다. 1999년 광주 북구청 문화 아카데미 강연에서 박완서 작가는 문인으로서의 자부심을 이렇게 표현했다(유튜브 〈KCTV광주방송〉).

아주 높은 사람, 최고 권력자 앞에서도… 제가 그 사람보다 높은 것처럼 느낍니다… 이 사회 밑바닥 하류층 앞에 가서도 제가 그 사람보다 더 밑에 있는 것처럼 느낍니다.

왜일까. 작가는 가장 성공한 사람의 악한 면까지 꿰뚫어 볼 수 있으며 가장 낮은 사람에게서도 존엄성을 볼 수 있어서라고 했다. 가장 높은 사람보다 더 높고, 가장 낮은 사람보다 더 낮다니 얼마나 감동적인 자기 평가인가. 무한한 자부심과 한없는 겸양이 동시에 표현되어 있다.

인간 정신은 비교 없이는 무능하다. 누구와 비교해야 내가 보이고, 누구의 것과 비교한 후에야 내 것의 규모를 짐작할 수 있다. 비전도 과거의 사실과 미래의 꿈을 비교한 후에 산출하는 것이고 행복감과 불행감도 대부분 비교의 결과이다. 사람 마음은 비교급과 본래 친숙하다. 그러니 말을 할 때도 비교급을 많이 쓰자. '더' 하나만 잘 써도 말의 힘과 매력도가 한층 더 높아질 것이다.

27 감각적으로 묘사한다

로알드 달의 못생긴 얼굴

내 마음속의 느낌을 꺼내서 있는 그대로 전달할 수는 없을까? 다음 두 표현의 차이를 생각해보자.

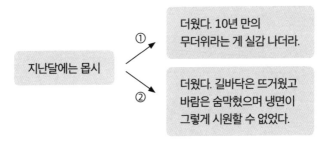

①은 전달력이 약하다. 청자는 얼마나 더웠는지 실감 나지 않는다. ②는 실감이 난다. 무더위 경험의 일부나마 청자가 느낄 수 있을 것이다.

그 차이가 무엇인지는 쉽다. 바로 묘사 여부이다. ②는 디테일하게 묘사되어 있다. 그런 디테일이 느낌을 고스란히 상대에게 전달해줬다.

그런데 디테일하게 묘사하려면 어떡해야 할까. 오감 표현을 쓰는 게 디테일한 묘사 방법이라는 건 많이 알려진 이야기다. 뜨거운 길바닥, 숨막히는 바람, 시원한 냉면처럼 감각 기관에 어필하는 표현들이 필요한 것이다.

감각적인 묘사력으로 평가받는 작가 중 하나가 로알드 달이다. 아래는 《멍청씨 부부 이야기》의 영문판 중에서 번역한 것이다.

좋은 생각을 가진 사람은 못생길 수 없다. 코가 비뚤어지고 입은 한쪽으로 기울고 턱은 이중턱에다가 이가 튀어나올 수 있다. 하지만 좋은 생각을 하면 그 생각이 태양 빛처럼 얼굴에서 나와 빛나기 때문에 항상 사랑스러워 보인다.

못생긴 얼굴의 디테일이 묘사되어 있다. 그 얼굴을 바로 눈앞에 두고 있는 것만 같다.

이번에는 오스카 와일드의 글이다.

죽음은 아주 아름다울 것이다. 머리 위에서 풀밭이 출렁이는 부드러운 갈색 땅에 누워 있는 것. 어제도 없고 내일도 없는 것. 시간을 잊고 삶을 용서하고 평화 속에 있는 것.

부드러운 갈색 땅속에 누워 있는데 위의 풀밭이 바람에 출렁인다. 평화롭고 고요한 죽음의 이미지가 촉각과 시각적 표현으로 묘사되어 있다.

2020년 KBS 뉴스 프로그램에 출연한 김훈 작가는 시각적 묘사의 힘이 얼마나 강렬한 것인지 보여줬다. 그는 음식 배달원의 사고 장면을 보고 충격을 받았다면서 현장을 이렇게 묘사했다.

오토바이 라이더가 차에 부닥쳐서 쓰러졌는데 배달통이 터져서 짬뽕 국물이 길바닥으로 쏟아져 나오고 짜장면이 튀어나오고 단무지 조각이 아스팔트에 널려 있는데 젓가락도 막 튀어나오고 그릇은 깨지고….

무섭다. 우리 또한 눈앞에 목격하는 것 같다. 당연히도 시각적인 표현을 많이 썼기 때문이다. 여러 번 읽어보자. 언어 감각이 깨어난다.

우리가 언어의 대가들과 같은 수준으로 쓰고 말하지 못해도 흉내는 낼 수 있다. 또 다행히도 흉내만 내도 언어적 효과는 한층 높아진다.

- 그는 참 잘생겼다. 코는 오똑하고 입술은 단정하고 턱선은 선명하고 이는 가지런했다.
- 풍경이 아름다웠다. 햇살은 따뜻했고 향기가 떠다녔다. 우리는 폭신한 땅바닥에 앉았다.
- 식탁 위 음식들의 색이 예뻤다. 짬뽕 국물은 붉었고 짜장면은 까맸으며 단무지는 샛노랬다.
- 그의 비판은 신랄했다. 얼굴이 화끈할 정도로 쓰고 매웠다.

보고 듣고 느끼는 듯이 표현하면 된다. 미각과 후각의 표현도 효과적이다. 나의 눈, 코, 입, 피부, 혀가 무엇을 느끼는지 면밀히 관찰하면서 말을 하면 된다. 쉽지는 않지만 우리의 묘사력과 전달력을 높이는 길이다. 아래 연습 문제도 풀어보자.

연습 문제

▶ 감각적 묘사 표현이 되려면 빈칸을 어떻게 채워야 할까?

나는 화가 났다. 가슴이 _____ 다. 입술이 _____ 고 손도 _____ 다.

"떨렸다"라고 쓰면 된다. 감각적인 표현이어서 얼마나 화가 났는지 전달된다. 아래 빈칸도 채워보자.

나는 행복했다. 가슴이 _____ 다. 입술이 _____ 고 손도 _____ 다.

역시 "떨렸다"를 쓸 수 있다. "떨리다"는 만능 감각 동사다. 뷴노와 행복감을 표현할 수 있다. 또 흥분했을 때나 긴장했을 때도 "가슴이 떨린다"라고 하면 된다. 감각적인 표현은 어려운 게 아니다. 단어만 몇 개만 알아도 감각적 표현 능력이 향상된다.

아래의 빈칸도 채워보자.

너의 목소리는 _____ 다. 너는 살결도 참 _____ 다. 너는 성격마저 _____ 다. 게다가 일 처리도 _____ 고 눈빛도 _____ 다.

"부드럽다"라고 쓰면 된다. "부드럽다"는 촉각 표현 형용사인데 목소리, 눈빛, 일 처리에도 적용된다. "부드럽다"는 "떨리다"만큼 활용도가 높은 낱말이다.

그 외에도 범용성이 있는 감각 표현들은 많다. "달콤하다" "씁쓸하다" "달다" "향기롭다" "눈부시다" 등을 쓰면 우리도 감각적이고 디테일한 말을 거뜬히 해낼 수 있다.

가령 '달콤하다'는 꿈이 달콤했다, 목소리가 달콤했다, 음식이 달콤하다, 냄새가 달콤하다, 말은 달콤했다, 꼬임이 달콤했다, 달콤한 약속을 했다, 멜로디가 달콤했다 등으로 활용해서 미각적인 묘사를 할 수 있다.

또 '씁쓸하다'는 조금 쓰다는 뜻의 형용사인데 맛은 물론이고 기분, 표정 등 다양한 것을 묘사할 때 쓸 수 있다. 예를 들어서 뒷맛이 씁쓸하다, 씁쓸한 기분이 들었다, 씁쓸한 패배감을 맛봤다, 표정이 씁쓸했다, 마음이 씁쓸하다, 커피 맛이 씁쓸하다 등이 가능하다.

위에서 소개한 낱말들은 모두 익숙하다. 그 말은 우리가 이미 감각적 표현을 충분히 쓰고 있다는 뜻이다. 의식적으로 표현하는 연습을 하면 감각적으로 디테일을 표현하는 게 쉬워질 것이다.

28 나의 진실한 감정을 고백한다

유시민의 미술평

그림, 영화, 음악 같은 예술 작품을 평가하는 건 무섭다. 틀린 말을 하게 될까 봐 주눅이 들어서 입이 잘 떨어지지 않는다. 그런 두려움을 삭제하고 속 시원히 말하는 방법이 있다. 자기 감정을 적극적으로 표현하는 것이다.

아래 두 가지의 말을 비교해보자.

①은 그림의 표현 기법에 대한 객관적 평가이다. ②는 자기 감정에 대한 주관적 토로이다. 객관적 평가는 평가의 대상이 된다. 틀린 평가로 평가받을지도 모른다. 위태롭다. ②의 주관적 평가는 다르다. 내 마음이 그렇다는데 누가 시시비비할 수가 없다. 모두 입을 닫고 고개를 끄덕일 것이다. 무척 안전하다.

솔직한 감상평이 훌륭한 예술평이 된다는 걸 보여준 사람은 유시민 작가이다. 그는 tvN 〈알쓸신잡 3〉에서 이렇게 말했다.

(목이 긴 소녀가 그려진 모딜리아니의) 그 그림을 처음 봤을 때 저는 너무 좋았어요…. 되게 마음이 따뜻해지고 좋은 거예요.

마치 그 그림이 눈앞에 있는 듯이 행복한 표정으로 유시민 작가는 그렇게 말했다. 듣는 사람도 마음 일부가 따뜻해진다. 유시민 작가의 그림 평에 공감하고 긍정 평가하게 되는 것이다. 쓰고 말하기를 수십년 동안 했던 사람이 가르쳐준 안전하고 효과적인 미술평 기법이다.

비평이 직업이 아니라면 우리도 그렇게 감상평만 하는 것으로 충분하고 넘친다. 음악, 미술, 영화, 소설, 시 등 어려운 대상을 객관적으로 분석하려고 애를 쓸 이유가 하나도 없다. 나의 마음이 어땠는지만 말하면 된다.

예를 들어서 아래 다섯 가지 감정 표현이면 웬만한 예술 작품에 대한 감상평이 가능하다.

① 가슴이 시원하고 숨통이 트였다.

② 슬퍼서 눈물이 날 것 같았다.

③ 우울은 사라지고 희망이 찾아왔다.

④ 마음이 밝고 행복해졌다.

⑤ 이유는 모르겠지만 더없이 평화로워졌다.

색 면으로 이루어진 마크 로스코의 추상화를 본 후에는 ①에서 ⑤ 중에서 아무거나 골라서 말하면 된다. 영화 어벤져스 시리즈를 보고도 똑같다. 대중음악과 클래식 음악의 감상평으로도 모두 손색이 없다. 대화 소재뿐 아니라 대화 상대의 제한도 없다. 친구나 연인뿐 아니라 까다로운 평론가라도 저 다섯 가지 표현이면 충분한 것이다.

혹여 부족하다면 쉽게 보충할 수 있다. 손만 뻗으면 잡히는 소설책이나 스마트폰 속의 언론 기사와 블로그 글을 유심히 읽으면서 내 마음에 맞는 감정 어휘를 찾아내면 되는 것이다.

진솔한 감정 표현은 학술적인 글도 더 재미있게 만든다. 기념비적인 생물학 저서인 《이기적 유전자》에서 리처드 도킨스가 남긴 역시 기념비적인 진술을 번역해보았다. 그는 뭐라고 말했을까?

우리는 생존 기계이다.
유전자라는 이기적 분자들을
보존하도록 맹목적으로
프로그램화된 로봇 운반체인
것이다.

① 이것은 놀라운 진실이다.

② 이것은 여전히
나를 놀라움으로 채우는
진리이다.

리처드 도킨스는 ②라고 말했다 객관적으로 놀라운 사실이라고 하지 않고 주관적으로 내가 놀랐다고 말했다. '그 놀라운 진실을 알아내고는 내 가슴이 벅차서 견딜 수 없다'라는 체험 고백으로 들린다. 모딜리아니의 그림을 보고 마음이 따뜻하고 좋았다는 것처럼 보드라운 감상 표현이다. 묘하게 감동적이다. 최고 석학 리처드 도킨스가 평범한 나와 같은 감정을 느끼는 사람이라니 친근하다. 그의 이론에도 마음이 열린다.

진솔한 감정 표현은 방송 앵커에게도 유익하다. 이효리 가수가 〈JTBC 뉴스룸〉에 출연했을 때다. 손석희 앵커가 이효리 가수의 노랫말을 낭독했다.

그대여 잘 가시오. 그동안 고생 많았다오.
그대여 편히 가시오. 뒤돌아보지 말고 가시오.

이효리 가수는 위안부 할머니처럼 큰 힘에 맞서다가 외롭게 스러지는 이들을 생각하며 가사를 썼다고 설명했는데, 손석희 앵커의 반응은 이랬다.

어. 참. 뭉클하게 만드시는군요…. 가사를 마저 다 읽어드리고 싶은데 그랬다가는 더 뭉클해질 것 같아서 제가 좀 자제를 하도록 하겠습니다.

뭉클하다고 했다. 슬픔이나 감동 같은 감정이 가슴속에서 북받친다는 뜻이다. 가사를 더 읽으면 감정을 못 이길 것 같다고도 했다. 멜로 드라마 배역에게나 어울릴 것 같은 감상 표현을 뉴스 앵커가 생방송에서 말했다.

시청자로서는 손석희 앵커가 친밀해지는 것을 피할 수 없다. 리처드 도킨스나 유시민 작가처럼 감정을 터놓는 데는 외면할 도리가 없다. 손석희 앵커는 좋은 사람으로 보이고 〈JTBC 뉴스룸〉을 다시 시청하고 싶어진다. 그건 손석희 앵커의 이성적인 발언 능력뿐 아니라 절실한 감상 표출 능력이 함께 만들어낸 효과이다.

감상 표현은 힘이 세다. 나의 사적인 예술평을 돋보이게 만든다. 공적인 글이나 말의 설득력과 친화성도 높인다. 수줍어하지 말자. 더용감히 감상 표현하는 사람이 더 사랑받는다.

끝으로 논의의 범위를 넓혀서 좋은 말글의 스타일에 관해 이야기해보자.

글이건 말이건 효과적인 커뮤니케이션을 위해서는 지켜야 할 기본 3원칙이 있다. 초성으로 이름을 지으면 '선간진 원칙'이 되는데 영어로는 CBS 원칙이라고 한다. 선명성^{clarity}, 간결성^{brevity}, 진실성^{sincerity}이 그것이다.

먼저 선명성이다. 글이나 말은 뜻이 선명할수록 좋다. 이 뜻인지 저 뜻인지 뿌옇고 모호하면 좋은 말글이 되기 어렵다. 두 번째로 간결할수록 좋다. 문장이 꼭 짧아야 한다는 이야기는 아니다. 말이 길건 짧건 필요 없는 단어를 싹 다 지워서 깔끔하게 정돈해야 한다는 것이다. 세 번째로는 진실해야 좋은 말글이 된다. 거짓 없는 생각과 감상이 좋은 말글의 조건이다.

우리가 위에서 본 감정 표현은 선간진 요소 중에서 진실성을 높이는 방법이 될 수 있다. 뜨겁고 참된 마음을 담아서 말을 하면 감동적이고 행복한 글이 된다.

많은 예가 있겠지만 설득력이 굉장히 높은 사랑 고백을 하나 소개한다. 톨스토이의 《전쟁과 평화》에 나오는 영어 문장을 번역한 것이다.

만일 내가 내가 아니고 잘생겼고 현명하며 이 세상 최고의 남자이고 자유롭다면 나는 이 순간 무릎을 꿇고 당신의 손과 당신의 사랑을 청했을 겁니다.

안타까움과 자괴감과 사랑의 마음이 절절한 감정 고백이다. 상대의 마음을 들끓게 할 것만 같다. 꼭 하나를 선택해야 한다면 선명성이나 간결성보다는 감정적 진실성이 가슴 벅찬 커뮤니케이션을 만든다고 할 수 있다.

29 파토스 전략, 감정을 흔든다
마이클 샌델의 시한폭탄

다음 중 어떤 호소가 더 많은 기부를 이끌어낼까?

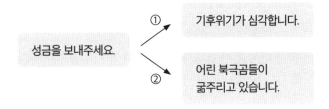

답하기 쉬운 문제다. ②의 감정적 자극이 대중의 마음과 송금 앱을 열 가능성이 크다. 개념은 약하고 이미지는 강하다. 기후위기라는 개념은 약해서 쉽게 무시되지만 굶주리는 북극곰의 이미지는 강해서 외면이 어렵다. 거북해하는 시청자가 적지 않아도 병들고 굶주린 어린이의 모습을 생생히 보이는 구호 단체의 광고가 끊이지 않는 것도 그런 이유다. 재산 중 일부를 덜어내게 결단을 내리게 만들려면 감정 자극이 불가피한 면이 있다.

감정 자극은 모금뿐 아니라 논리적 설득에도 효과적이다.

《정의란 무엇인가》의 마이클 샌델 교수가 2011년 1월 영국 언론 〈프로스펙트Prospect〉와 인터뷰를 하던 중에 '테러리스트 고문'에 대해 이야기를 꺼냈다.

한 테러리스트가 어딘가에 시한폭탄을 설치했다고 가정해보자. 폭탄의 위치를 알아내지 못하면 언제 어디서 얼마나 많은 시민이 희생될지 모르는 급박한 상황이다. 이때 테러리스트를 고문하는 것이 정당할까? 많은 사람이 부도덕하더라도 고문을 허용해야 한다고 말할 것이다. 그들 고문 찬성자는 다수의 큰 행복을 위해 작은 도덕적 위반은 허용하는 공리주의적 믿음을 갖고 있는 셈이다.

그런데 마이클 샌델 교수는 또 하나의 가정을 추가한다. 만일 테러리스트의 딸을 고문해야 한다면 어떨까?

테러 용의자에게서 정보를 얻는 유일한 방법이 그를 고문하는 게 아니라 그의 죄 없는 14살 딸을 고문하는 것이라고 가정해보자. 당신이라면 고문을 할까? 아마 대다수의 공리주의자마저도 주저할 것이다. 왜? 소녀는 죄가 없고 고문받을 이유도 없다는 깊은 도덕적 직관 때문이다.

다수의 이익이 절대 가치라면 14살 소녀를 신속히 전기 고문이라도 해야 맞지만, 사람들은 주저할 게 분명하다. 여기서 극적으로 확인된다. 사람의 마음속에는 도덕적 기준이 언제나 살아 있다. 사람은 이익만 따지는 존재가 될 수 없다. 누구나 결국 깊은 곳에서는 도덕적 존재인 것이다. 그 사실을 마이클 샌델은 14살 소녀를 등장시켜서 효과적으로 설득해낸다.

　　그런데 왜 하필 14살 소녀였을까? 34살 아들이 아니고 14살 딸을 설정한 이유는 무엇일까? 그건 어린 소녀가 새끼 북극곰처럼 물리적으로는 약하고 감정적 자극력은 강하기 때문이다. 만일 튼튼한 34살 아들이었다면 고문하자는 의견이 극적으로 수그러들지 않을 테고 마이클 샌델의 설득도 실패했을 게 분명하다. 테러리스트의 14살 딸 캐릭터는 감정적 자극이 논리적 설득의 좋은 수단이라는 걸 여실히 보여준다.

　　그런 원리를 정재승 교수도 잘 알고 있다. tvN 〈알쓸신잡〉에서였다. 인간 생명의 인위적 연장에 반대하는 논리를 꺾기 위해서 정재승 교수는 이런 예를 들었다.

　　유전병에 걸려서 3살이면 죽는데요. 그런데 유전자 치료를 하면 그 아이가 그냥 기대 수명 정도로 살 수 있어요…. 자연의 순리를 벗어나는 일인데 우리는 그걸(인위적 치료) 하지 말 거냐?

치료를 하지 말자고 말하기 어렵다. 유전병에 걸려서 위태로운 아기가 머릿속에 그려지기 때문이다. 고문당하는 14살 소녀 못지않게 괴로움을 준다. 반대론자라도 감정이 흔들려서 논리를 접고 백기를 들 가능성이 크다.

정재승 교수는 JTBC 〈차이나는 클라스〉에서도 아기 캐릭터를 끌어온다. 어떤 사람이라도 누군가는 옆에서 진심으로 믿어줘야 한다고 주장하면서 이런 비유를 꺼낸다.

처음에 넘어지고 아장아장 걷다가 고꾸라지는 아이들, 당연히 언젠가는 일어날 거라고 믿어줘야죠.

정재승 교수는 왜 아기 이야기를 꺼낼까. 주장의 관철을 위해서다. 청자의 감정을 흔들어서 주장을 납득시키기 위해서 귀엽고 약한 아기를 끌어온 것이다. 정재승 교수의 화법도 감정 자극이 설득의 좋은 방법이라는 걸 보여준다.

우리도 그렇게 말하면 된다. 목적이 사악하지만 않다면 상대의 감정을 흔들어서 설득하는 게 나쁜 짓이 아니다. 감정을 휘저으며 말하자. 감정을 동요케 하는 캐릭터는 많다. 예컨대 아기, 강아지, 고양이, 나이 든 부모님, 외로운 사람이 좋다. 친구에게 호소할 때, 완강한 누군가를 설득할 때, 그리고 물건을 팔 때도 감정 흔들기가 도움이 된다.

- 나를 공격만 하지 마. 내 속에 7살 어린 아이가 있어. 상처받고 외로운 아이야. 나를 따뜻하게 대해줘. 부탁이야.
- 걱정하며 눈물 흘리실 팔순 어머니를 생각해보세요. 당신은 삶의 태도를 바꿔야 합니다.
- 이 상품은 가족 중에서도 아직 어린 아기의 미래 행복을 위해 꼭 필요합니다. 아기가 행복하게 웃으며 살게 도울 수 있습니다.

감정 흔들기는 수사학의 오래된 기본 전략 중 하나다. 다른 곳에서 설명했듯이 설득 전략은 로고스, 에토스, 파토스 세 가지로 나뉜다. 로고스는 논리적 설득이고, 에토스는 말하는 사람이 유자격자임을 강조하는 전략이며, 파토스는 감정에 호소하는 방법이다.

앞의 북극곰, 14살 소녀, 유전병에 걸린 아기는 모두 파토스 전략의 도구들이다. 그런데 파토스 전략에는 종류가 굉장히 많다. 그렇다고 낯설거나 어렵지 않을 것이다. 사실 우리는 매일처럼 감정적 호소를 듣거나 하면서 살고 있기 때문이다. 라틴어나 그리스에서 유래한 복잡하기 그지없는 명칭들을 한국어로 순화해서 파토스의 종류를 정리하면 아래와 같다.

파토스 전략의 종류	예
형용 불가 호소	세상에 저는 말문이 막혔어요. 형용할 수 없는 기쁨을 느낍니다. 형용할 수 없다는 말로써만 형용할 수 있는 감정이 밀려옵니다.
감정적 동조 요구	분노가 치밀어오르지 않나요? 이걸 보고도 화가 나지 않으면, 정상적인 감수성이 없다는 이야기입니다.
격정 표현	참을 수 없습니다. 나쁜 행동이었습니다. 그는 몹시 나쁜 사람입니다.
현장에 없는 이에게 호소하기	신이여. 왜 이렇게 가혹한 시련을 주시는 겁니까. 어머니, 아버지. 저는 이제 어떻게 해야 하나요?
무서운 경고	그런 일을 하면 큰일 납니다. 이대로 있다가는 재앙이 닥친다고요.
연민 자극	그들을 위해 기도해주세요. 외로운 이웃을 위해서 도움을 주세요. 병든 어린이를 도와주세요.
유쾌한 상황 묘사	이 멋진 백을 메고 거리를 다닌다고 생각해보세요. 기분이 아주 상쾌해질 겁니다. 사람들이 힐끗거리며 당신을 선망할 것입니다.

불안한 상황 묘사	이 나쁜 사람을 풀어줘야 할까요? 그러면 이웃이 또 두려움에 뻐져 살 것입니다. 아이들은 마음대로 밖에서 놀지도 못하겠죠. 한 동네가 지옥처럼 변화하게 되는 것입니다
부정적 감정 단어 반복하기	이 괴로움을 아무도 모릅니다. 모든 사람에게서 잊혀가는 고통과 절망감을 겪지 않고는 알 수 없어요.
긍정적 감정 단어 반복하기	얼마나 기분 좋을지 생각해보세요. 이 비데를 쓰면 하루하루 기분이 상쾌하고 뽀송뽀송해집니다.
감탄	야호! 성공이다. 와! 행복하다. 너무나 기쁘다.
자기 연민	나는 왜 태어났을까? 나에게는 왜 이런 슬픈 일이 일어났을까?
상대에게 떠넘기기	내가 왜 당신 때문에 이런 고통을 겪어야 하나요? 당신은 아무렇지도 않나요?

나의 감정을 조종하려고 애쓰는 이들이 세상에 아주 많다. 부모는 불안을 일으켜 자녀를 통제하려고 한다. 학원은 자녀의 미래가 어두워질 수 있다고 겁주면서 부모를 움직인다. 아이는 연민을 자극해서 부모에게서 용돈과 휴식을 얻어낸다. 우리는 감정 호소의 전쟁터에서 살고 있다. 감정을 조정하는 파토스 기술에 대해서 밝아야 하는 이유다.

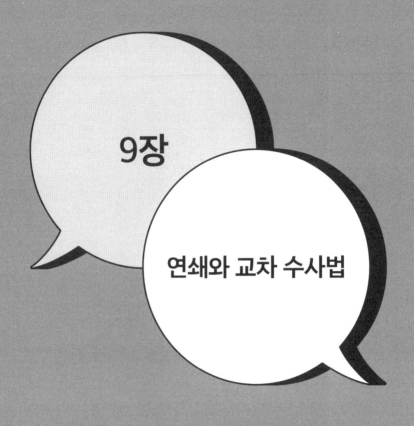

9장

연쇄와 교차 수사법

대체로 매혹적인 말은 보이지 않는 규칙이 배후에 있다. 이번 장에서는 연쇄와 교차의 규칙에 관해서 이야기한다. 간단한 퍼즐을 푸는 것 같은 작은 재미가 있을 것이다.

30 뜻이 닮은 말을 연속한다

손흥민의 축구 사랑

어떻게 말해야 상대의 마음이 뛸까?

개인차가 있겠지만 ②가 더 듣기 좋다고 평가할 사람이 적지 않을 것이다. 그것은 ①의 형용사들은 서로 이질적이지만 ②의 형용사 셋은 뜻이 닮았기 때문이다.

①의 우렁차다, 선명하다, 감미롭다는 각각은 좋은 뜻을 갖고 있

으나 생선 초밥과 파스타와 된장찌개처럼 한데 모아놓으면 어색하다. 반면 ②의 부드럽다, 포근하다, 감미롭다는 뜻이 비슷하기 때문에 어울려놓으면 듣기 좋다.

②처럼 뜻이 비슷한 낱말이나 구절을 반복하는 수사법을 영어로는 스케시스 오노마톤 scesis onomaton 이라고 한다. 우리말로는 '유사어 연속법'이라고 하면 될 것이다.

유사어를 연속하면 뜻을 여러 번 전하는 셈이어서 강조가 이루어진다. 또 그물을 여러 번 던지는 것처럼 수확이 늘어서 뉘앙스가 풍부해지고 뜻이 입체적이게 된다.

이문열 작가는 2013년 인터뷰에서 이렇게 말했다(유튜브 채널 〈News Magazine Chicago〉).

사람이 무엇이 된다는 것은 그것을 향해서 노력하고 자신을 단련하고 형성하는 기간이 있었을 겁니다.

노력하고 단련하고 형성하는 건 다 비슷한 말이다. 작가는 비슷한 말을 반복해서 말뜻을 더 크고 풍성하게 만들었다.

노무현 전 대통령은 2002년 민주당 대통령 후보 경선에서 연설하면서 이렇게 말했다(유튜브 채널 〈전주MBC Original〉).

우리는 이기고 있습니다. 우리가 앞서고 있습니다. …… (잠시 멈춤) 희망이 생겼습니다. 자신감이 생겼습니다.

'이기다'와 '앞서다'는 비슷한 뜻이다. '희망'과 '자신감'도 가까운 말이다. 그렇게 유사어를 반복해서 승리가 현실화하고 있다고 강조해 냈다.

미국의 전 대통령 버락 오바마도 유사어 연속법에 능하다.

- 우리 앞길은 멀 것입니다. 우리의 등반은 가파를 것입니다.
- 아이들이 잠든 후에도 깨어서 주택 모기지는 어떻게 마련하고, 의료비는 어떻게 지불하고, 대학 학비는 어떻게 충분히 모을지 염려하는 어머니 아버지들이 계십니다.
- 우리의 선거 운동은 디모인의 뒷마당에서, 콩코드의 거실에서, 찰스턴의 현관에서 시작되었습니다.

앞길과 등반은 뜻이 같은 비유다. 주거비, 의료비, 교육비도 역시 동종이다. 디모인, 콩코드, 찰스턴은 모두 도시 이름이며, 뒷마당, 거실, 현관은 하나같이 집의 구성 부분이다. 여러 도시의 가정에서 선거 운동이 자발적으로 시작되었다는 의미를 담았다.

축구 스타 손흥민 또한 유사어 연속 화법의 실력자다. 언어 능력이 뛰어난 그는 2022년 이란 대표팀과의 경기 후 인터뷰를 하는 중이었다. 그가 답해야 할 질문은 급히 귀국해서 경기를 뛰었는데 안 힘드

냐는 것이었다. 손흥민 선수는 이렇게 말했다.

안 힘들다면 거짓말이지만 이렇게 많은 팬분들 앞에서 경기할 수 있는 게, 저희 모습을 보여줄 수 있는 유일한 기회잖아요. 제가 가장 좋아하는 것이고···. 많은 관중 앞에서 경기한다는 것은 특별한 것이기 때문에 많은 팀원이 도와줘서 힘든 것을 이겨낼 수 있었던 것 같습니다.

인터뷰 진행자가 되물었다. 어떻게 그렇게 말을 잘하느냐고. 왜 손흥민 선수가 말을 잘한다고 느끼게 될까? 위의 말이 매력적인 이유가 뭘까? 스케시스 오노마톤, 즉 유사어 연속 화법을 썼기 때문이다.

손흥민 선수는 국가 대표로서 축구 경기에 나서는 것은 유일한 기회, 가장 좋아하는 것, 특별한 것이라고 표현했다. 서로 비슷한 표현들이다. 유사어를 반복함으로써 손흥민 선수는 축구 경기의 개인적 의미를 풍부하게 전달했다. 시청자는 여러 종이 조화롭게 섞인 큰 꽃다발을 받은 느낌을 갖게 된다.

우리도 일상에서 유사어 연속 화법을 쓸 수 있다. 다음 두 가지를 비교해보자. 상대에게 책임을 묻는 차갑고 공격적인 말은 어느 것일까?

① 너의 주장은 틀렸고 너를 믿은 우리는 기회를 놓쳤다.
② 너의 주장은 비논리적이고 엉터리였고 틀렸다. 너를 믿은 우리는 기회를

놓쳤고 방향을 잃었으며 목표에 이르지 못했다.

①은 약하지만 ②는 강하다. 비슷한 말이 연속되어 있기 때문이다. 비논리적이거나 엉터리이거나 틀렸다는 건 다 같은 말이다. 같은 뜻이 세 번 반복되어 강조되었다. 기회, 방향, 목표도 비슷하다. 같은 의미가 되풀이되었으니 뜻이 풍부해지는 것은 물론이고 강조도 이루어졌다.

이번에는 어느 쪽이 듣는 사람을 들뜨게 만들지 비교해보자.

① 나는 너를 좋아한다. 너는 참 친절하다.
② 나는 너를 좋아한다. 너는 참 친절하고 따뜻하고 젠틀하다.

②가 유사어 연속법이다. 듣는 사람의 기분이 훨씬 좋을 것이다.

다음 중에서 더 큰 긴장감을 일으키는 표현은 어느 것일까?

① 이렇게 살면 후회할 날이 올 거야. 반드시.
② 이렇게 살면 후회할 날이 올 거야. 반드시 가슴 치고 눈물 흘리게 될 것이라고.

②는 비슷한 표현으로 후회를 시각화하는 데 성공했다. ②가 일으

키는 긴장감이 더 크다고 볼 수 있다.

지친 나 자신에게 용기를 주려면 어떻게 다짐하는 것이 좋을까?

① 나는 다시 일어날 거다.
② 나는 다시 일어날 거고, 이겨 낼 것이고 꿈을 꼭 이룰 거다.

먼 미래의 꿈까지 이야기한 유사어 연속법 문장 ②가 더 큰 힘을 줄 수 있다.

연습 문제

▶ 고객을 설득하려면 빈칸에 어떤 말을 넣는 것이 좋을까?

많은 소비자가 이 제품을 좋아하고 _____ 하며 _____ 합니다.

예를 들면 이렇게 말할 수 있다. "많은 소비자가 이 제품을 좋아하고 재구매하며 강추합니다." "많은 소비자가 이 제품을 좋아합니다." 라고 짧게 말하는 것보다 효과가 훨씬 높다.

▶ 누군가의 말 때문에 상처를 받았다고 가정해보자. 목소리를 높이

지 않고도 상처가 컸다고 강조하는 방법이 있다. 유사어 연속 화법이다. 아래 빈칸을 채워보자.

너의 말은 나에게 _____ 했고 _____ 했고 _____ 했다.

가령 "너의 말은 나에게 상처를 줬고 아픔을 안겼고 상흔을 남겼다."라고 하면 된다. "너의 말은 상처를 줬다"라고 짧게 말하는 것보다 강하고 뜻도 깊어진다.

▶ 이번에는 상대의 말 덕분에 행복해졌다고 가정해보자. 어떻게 말할 수 있을까?

너의 말은 나를 _____ 했고 _____ 했고 _____ 했다

"너의 말은 나를 기쁘게 했고 행복하게 했고 자존감까지 높여줬다."라고 하면 된다. 듣는 사람도 기쁘고 행복하고 자존감이 높아질 것이다.

31 끝 낱말을 받아서 잇는다

T. S. 엘리엇의 무지와 죽음

다음 중 잊기 힘든 것은 어느 쪽일까?

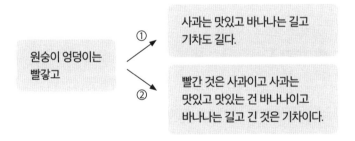

②는 유치하다. 부끄러워서 커서는 부르지 않았을 것이다. 그런데
기억에 생생하다. 아마 죽을 때까지 그 가사를 지울 수 없을 것이다.

①이었다면 짧은 문장이지만 금방 잊혔을 것이다. 왜 유치하고 긴 문장이 한국인의 확고한 집단 기억으로 남게 되었을까? 연쇄이기 때문이다. 빨간 것과 맛있는 것과 긴 것으로 자연스럽게 연쇄된다. 한 줄로 꿰어 연결한 진주 목걸이 같다. 이런 연결성은 문장의 통일성을 낳고 통일성은 잊을 수 없는 기억이 되었다.

2천 년 역사를 가진 서구 수사학에도 비슷한 표현법이 있다. 아나디플로시스^{anadiplosis}가 그것인데 앞 문장이나 구절의 끝 낱말을 받아서 반복하는 수사법이다. '원숭이 엉덩이는 빨간데 빨간 것은 사과다'을 보면 앞 절의 '빨간'을 받아서 뒷절에서 한 번 더 썼다. 이런 아나디플로시스는 우리말로는 연쇄법이라고 한다.

서구에서 가장 유명한 연쇄법의 예는 영화 〈스타워즈〉에 나온다. 아래는 지혜와 무술을 겸비한 지도자 요다의 말인데 빈칸을 채워보자.

두려움은 분노로 이어지고 _____ 는 미움으로 이어지고 _____ 은 고통으로 이어진다.

답이 문제에 다 나와 있어서 아주 쉽다. 앞 절의 끝 낱말을 이어받으면 되는 것이다. "두려움은 분노로 이어지고 분노는 미움으로 이어지고 미움은 고통으로 이어진다."

이런 연쇄법은 장점이 크다. 탄탄하게 구조화된 느낌을 준다. 또 아주 논리적으로 보인다. 그리고 다른 유명한 수사법들처럼 기억이 아주 쉽다.

이 좋은 수사법을 유명한 문인들도 많이 활용한 것은 당연하다.

T. S. 엘리엇이 1934년에 쓴 '바위'라는 시에 이런 대목이 나온다.

우리의 지식은 우리를 무지에 더 가까이 데려가며
우리의 무지는 우리를 죽음에 더 가까이 데려간다.
하지만 죽음에 가깝다고 신에 더 가까워지는 것은 아니다.

지식이 무지로 이어지고 무지는 죽음으로 연쇄된다. 하지만 죽음이 신과의 만남으로 이어지지 않는 건 반전에 해당한다.

더 간략한 끝 낱말 연쇄도 가능하다. 끝말잇기를 두 번만 하는 것이다. 2001년 미국 조지 부시 대통령의 발언이다.

우리의 슬픔은 분노로 바뀌었으며 분노는 결의로 바뀌었습니다.

ABBC 구조이다. 즉 슬픔 → 분노 → 분노 → 결의로 이어지도록 말의 구조를 짠 것이다.

ABBA도 가능하다. 즉 맨 처음의 개념으로 돌아가는 것이다. 영국의 마거릿 대처 수상이 1980년에 한 말이다.

건강한 경제 없이는 건강한 사회를 가질 수 없고, 건강한 사회 없이는 경제가 오랫동안 건강을 유지할 수 없습니다.

물론 조금 느슨하게 변형해서 쓰는 것은 얼마든지 괜찮다. 언론인 손석희 사장의 발언이 예다.

그는 2015년 3월 서강대 강연에서, 언론인이 되려면 문제의식이 가장 중요하다며 이렇게 말했다.

기자나 언론인이 되겠다고 생각하신다면 문제의식 같은 것을 늘 연마해두는 것이 좋을 것 같아요. 그래서 문제의식이 있어야 문제가 발견되고 문제를 제기함으로써 문제가 해결될 수 있는 것이기 때문에, 저널리즘의 가장 기본적인 것은 바로 그런 부분….

'문제의식 → 문제 발견 → 문제 제기 → 문제 해결' 순서로 이어진다. 개념들이 부드럽게 연쇄를 이루면서 발언 전체를 통일성 있게 만든다.

우리도 이 좋은 수사법을 활용해서 말할 수 있다. 대단히 근사하고 복잡해 보이지만 사실은 전혀 어렵지 않다.

가령 나를 존중하지 않는 친구에게는 이렇게 말한다.

"네가 나를 싫어하는 이유가 뭔지 아니? 너는 나를 존중하지 않아서야. 존중하지 않으니 단점만 보이고, 단점만 보이니 싫어지는 것이지."

나에게 상처를 준 가엾은 엄마에게는 이렇게 말한다.

"엄마가 나에게 상처를 주었고, 상처 때문에 엄마를 멀리했는데, 멀리 있으니 엄마가 가여워졌어."

직무에 충실하지 않은 사람에게 또 이런 분석을 제시할 수 있다.

"회사 일을 싫어하니 효율이 떨어지고 효율이 떨어지니 일이 더 싫어지는 것입니다."

▶ 문장이 연쇄법이 되도록 빈칸을 채워보자. 대부분 문제 속에 답이
  나와 있다.

- 말이 생각이 되고 _____ 은 신념이 되며 _____ 은 인생을 변화시
  킨다.
- 욕망은 _____ 을 키우고, 선망은 _____ 를 키우며, 질투는 열등감
  을 낳는다.
- 이별해봐야 _____ 을 알게 되고 사랑을 알아야 이별을 피할 수 있다.

전혀 어렵지 않다. 문제에 답이 다 나와 있기 때문이다. 아래도 마
찬가지다.

충동은 _____ 으로 자라고, 소망은 _____ 으로 자라고, 욕망은 통제불
가의 _____ 으로 자라며, 갈망은 탐닉된다.

에드거 앨런 포는 1845년 쓴 단편에서 이렇게 말했다.

충동은 소망으로 자라고, 소망은 욕망으로 자라고, 욕망은 통제 불가의 갈망

으로 자라며, 갈망은 탐닉된다.

이번에는 모욕당한 사람에게 유용한 조언이다.

모욕에 대처하는 하나뿐인 우아한 방법은 _____ 다. 무시할 수 없다면 모욕을 _____ 하라. 넘어설 수 없다면 _____ 하라. 웃을 수 없다면 모욕이 어울리는 건지도 모른다.

미국의 예술사학자 러셀 라인스Russell Lynes는 이렇게 말했다.

모욕에 대처하는 하나뿐인 우아한 방법은 무시하기다. 무시할 수 없다면 모욕을 넘어서라. 넘어설 수 없다면 웃어버려라. 웃을 수 없다면 모욕이 어울리는 건지도 모른다.

끝으로 게으른 자신을 독려할 때 쓰면 좋을 문장이다. 신영준 작가와 고영성 작가의 《폴라리스》에 있는 문장으로, 자기 극복을 꿈꾸는 사람들 사이에서 아주 유명하다.

연습은 익숙함을 선사한다. _____ 은 자신감을 불러일으킨다. _____ 은 가능성을 싹틔운다. _____ 은 우리를 나아가게 한다. 그래서 연습이 전부다.

32 단순 교차법으로 재미있게 말한다
셰익스피어의 미추

여기서 이야기할 단순 교차법은 재미도 있고 호소력도 강해서 2천 년 넘게 활용되어 왔다.

아래 두 표현의 맛을 비교해보자.

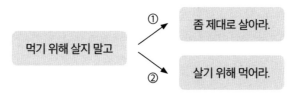

①은 뜻은 알겠는데 말이 재미는 없다. 반면 ②는 뜻도 선명하지만, 재미도 있다. 그 재미는 문장의 구조에서 온다. 문장의 전반부와

후반부가 뒤집힌 쌍둥이다. "먹기 위해 살다"를 뒤집어서 "살기 위해 먹는다"를 만들었다. 벽에 공을 던졌는데 그대로 튀어나오는 느낌이다. '갔다 왔다', '이랬다저랬다' 할 때의 그 재미있는 리듬감이 ②에 들어 있다.

같은 예를 하나 더 보자. 칼 세이건의 명언으로 잘못 알려졌으나 실제로는 영국 천체물리학자 마틴 리스^{Martin Rees}가 한 말이다.

증거의 부재가 부재의 증거는 아니다.

역시 재미있는 리듬감이 느껴진다. 똑같이 문장의 구조 때문이다. 문장의 전반부와 후반부가 뒤집힌 쌍둥이다. 거울 앞에 서서 자기 모습을 보는 것 같을 것이다.

위 두 문장의 구조는 그림으로 정리하면 이해하기 쉽다.

문장 앞부분의 요소들을 교차시켜서 뒷부분을 만들었다. 앞부분

의 AB를 BA의 순서로 바꿔서 재활용한 것이다. 이렇게 해서 ABBA 구조의 문장이 만들어진다.

위에서처럼 문장 앞부분 요소를 교차시켜서 뒷부분 내용을 만드는 수사법을 안티메타볼리 antimetabole라고 한다. '단순 교차법' 또는 '단순 뒤집기' 화법이라고 생각하면 될 것이다.

미국 케네디 대통령이 단순 교차법의 상징과 같은 말을 남겼다.

국가가 당신을 위해 무엇을 할지 묻지 말고 당신이 국가를 위해 무엇을 할지 물어라.

앞부분에서는 '국가 - 당신' 순서인데, 뒷부분에서는 '당신 - 국가' 순서이다. 나머지는 거의 손을 대지 않았다. 문장 앞부분의 요소를 교차만 해서 뒷부분에서 재활용한 것이다. 전형적인 단순 교차법이다.

듣는 사람은 이득이 크다. 기억의 경제성을 누릴 수 있다. 앞의 구조만 기억하면 뒷부분까지 쉽게 기억할 수 있으니까 그렇다. 이해의 경제성도 누린다. 말뜻을 이해하기도 쉬운 것이다. 앞부분과 뒷부분이 뚜렷이 대조를 이루기 때문이다. 기억하기도 좋고 이해하기 쉬운 문장은 수사학에서는 보물이나 다름없다. 안티메타볼리, 즉 단순 교차법은 수천 년 동안 쓰이고 사랑받은 사유가 분명한 수사법이다.

단순 교차법, 즉 ABBA 구조의 명언들은 많다. 먼저 20세기와 21세기의 사람들이 남긴 말이다.

- 당신이 사랑하는 삶을 살고 당신이 사는 삶을 사랑하라. (밥 말리)
- 인류는 전쟁을 끝내야만 한다. 아니면 전쟁이 인류를 끝낼 것이다. (존 F. 케네디)
- 여러분은 미국을 위해 일어났다. 이제 미국이 여러분을 위해 일어서야 한다. (버락 오바마)

17세기 셰익스피어의 단순 교차법 문장들도 유명하다.

- 나는 시간을 탕진했고 이제 시간이 나를 탕진한다.
- 아름다운 것은 추한 것이고, 추한 것은 아름다운 것이다. (Fair is Foul, Foul is Fair.)

아래는 또 다른 문인들의 문장이다.

- 쾌락이 죄악이며 때로는 죄악이 쾌락이다. (바이런)
- 모든 범죄는 통속적이고 모든 통속성은 범죄이다. (오스카 와일드)

문장의 전후반 표현이 조금 바뀌지만 그래도 단순 교차법에 가까운 예들이 고대 그리스와 로마 시대에도 있었다.

- 경이감은 철학자의 감정이며 철학은 경이감에서 시작된다. (소크라테스)

- 빠르게 쓰면 절대 잘 쓸 수 없다. 잘 쓰면 곧 빠르게 쓸 수 있다. (퀸틸리아누스)

연습 문제

단순 교차법의 원리는 단순하지만 쉽게 술술 입에서 나오지는 않는다. 약간의 연습이 필요하다. 빈칸을 채워보자.

① 죽고자 하면 살 것이요 _____ 하면 죽을 것이다. (이순신)
② 아름다움이 진리이고 _____ 가 _____ 이다.

①의 답은 '살고자'이다. ②는 '아름다움'과 '진리'의 위치를 바꾸기만 하면 된다. "아름다움이 진리이고 진리가 아름다움이다."

① 당신이 계획에 실패했다면 _____ 를 _____ 한 것이다.
② 사랑하는 사람과 곁에 있을 수 없다면 _____ 를 _____ 하세요.

①은 계획과 실패의 위치를 바꾸면 답이 나온다. "당신이 계획에 실패했다면 실패를 계획한 것이다." ②는 미국의 가수 빌리 프레스턴

이 남긴 문장이다. "사랑하는 사람과 곁에 있을 수 없다면 곁에 있는 사람을 사랑하세요."

① 당신이 뚱뚱해서 내가 싫어하는 게 아니야.
   내가 _____ 해서 당신이 _____ 한 거야.
② 남들이 탐욕을 부릴 때 두려워하고,
   남들이 _____ 할 때 _____ 부려라.

①은 영화 대사인데 '뚱뚱하다'와 '싫어하다'의 위치를 바꾸기만 하면 의미가 깊고 임팩트 강한 문장이 만들어진다. "당신이 뚱뚱해서 내가 싫어하는 게 아니야. 내가 싫어해서 당신이 뚱뚱한 거야." ②는 투자자들의 우상인 워런 버핏의 교차법 명언이다. "남들이 탐욕을 부릴 때 두려워하고, 남들이 두려워할 때 탐욕을 부려라."이다.

33 말을 바꿔서 교차한다
아인슈타인의 슬픔

같은 낱말들을 교차하는 것도 가능하지만, 낱말을 바꿔서 교차할 수도 있다. 아래 두 문장을 비교해보자.

앞에서 설명했듯이 ①은 단순 교차법이라고 한다. 안티메타볼리이다. 앞부분의 '먹다'와 살다'를 뒷부분에서 그대로 가져와 단순히 교차시켰다. ②는 다르다. 앞 절의 핵심 단어를 바꿨다. '먹다'는 '노력하다'로 변화시켰고 '살다'는 '진정 행복하다'로 바꾼 후에 교차했다. 이미지로 비교하면 이렇게 된다.

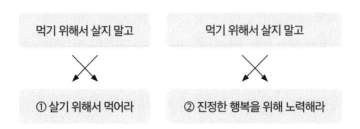

①은 앞의 주요 단어를 단순 도치시켰지만 ②는 단어를 교체 후 교차시켰다. ②와 같은 수사법을 영어로는 키아즈머스chiasmus라고 하는데 '교체 교차법'이라고 생각하면 되겠다. (둘의 구분이 절대적이지는 않다. 일부 수사학 연구자들은 안티메타볼리와 키아즈머스를 같은 것으로 여기기도 한다.)

①의 단순 교차법보다는 ②의 교체 교차법이 조금 더 어렵고 고급스러운 언어 기술이다. 단순 교차법이 ABBA 구조라면, 교체 교차법은 ABB′A′ 구조이다. A를 A′로 바꾸고 B를 B′로 바꾼 후에 뒤집어서 재활용하는 것이다.

교체 교차법은 병렬 구조와 비교해도 뜻 이해가 수월해진다. 아래 두 문장을 비교해보면 된다.

① 나는 일등이고 너는 이등이다. (병렬구조)
② 나는 일등이고 이등은 너다. (교체 교차법)

①에서는 문장 앞부분과 뒷부분의 구조가 같다. "나는 일등이고"와 "너는 이등이다"가 단순히 병렬되어 있는 것이다. ②는 단어를 바꾸고 순서도 바꿨다. 즉 단어가 교체되었고 위치가 교차되었다. 그래서 교체 교차법이다.

교체 교차법의 효과는 대비다. '일등'과 '이등'이 인접해 있어서 대비를 이루게 되는 것이다. "네가 가장 현명한 사람이고, 가장 미련한 사람은 나다"라고 해도 현명함과 미련함이 대비를 이루게 된다.

아래 문장들도 병렬 구조 문장과 교체 교차법 문장의 차이를 잘 보여준다.

① 남성의 힘은 근육에서 나오고, 여성의 힘은 눈빛에서 나온다. (병렬 구조)
② 남성의 힘은 근육에서 나오고, 눈빛에서는 여성의 힘이 나온다. (교체 교차법)

① 우리는 봄에 만났고 가을에 헤어졌다. (병렬 구조)
② 우리는 봄에 만났고 헤어진 것은 가을이었다. (교체 교차법)

아래는 알베르트 아인슈타인의 비애를 담은 말이다. 확장 변형된 교체 교차법이라고 할 수 있겠다.

나의 상대성이론이 맞다고 증명되면 독일은 내가 독일인이라고 주장하고 프랑스는 내가 세계인이라고 말할 것이다. 만일 내 이론이 틀린 것으로 증명되면 프랑스는 내가 독일인이라고 말하고 독일은 내가 유대인이라고 말할 것이다.

독일은 내가 독일인이라고, 프랑스는 내가 세계인이라고 말할 것이다.

프랑스는 내가 독일인이라고, 독일은 내가 유대인이라고 말할 것이다.

아인슈타인은 쓸모 있으면 환대받고 쓸모없으면 버림받게 될 자신의 쓸쓸한 처지를 복잡하고 우아한 수사법으로 표현해냈다.

연습 문제

▶ 고급스럽지만 쉽지 않은 교체 교차법은 연습이 필요하다. 빈칸을 채워보자.

아담은 첫 번째 남자이고, _____ 는 _____ 이다.

"아담은 첫 번째 남자이고 첫 번째 여자는 이브이다."가 가능하다. 여기서도 "첫 번째 남자"와 "첫 번째 여자"가 거리가 가깝기 때문에 대비가 강해진다.

① 돈 모으기는 _____, 쉬운 것은 돈 쓰기다.
② 사랑하는 사람에게는 칭찬을, 비판은 _____ 에게.

①은 "돈 모으기는 어렵고, 쉬운 것은 돈 쓰기다"라고 하면 된다. ②의 경우는 "사랑하는 사람에게는 칭찬을, 비판은 미워하는 사람에게"라고 하면 되겠다.

▶ 병렬 구조의 문장을 교체 교차법 문장으로 바꾸려고 한다. 빈칸을 채워보자.

① 좋은 판단은 경험의 결과이고 나쁜 판단은 경험의 원인이다. (병렬 구조)
② 좋은 판단은 경험의 결과이고 _____
(교체 교차법)

"좋은 판단은 경험의 결과이고 경험의 원인은 나쁜 판단이다."라고 하면 된다.

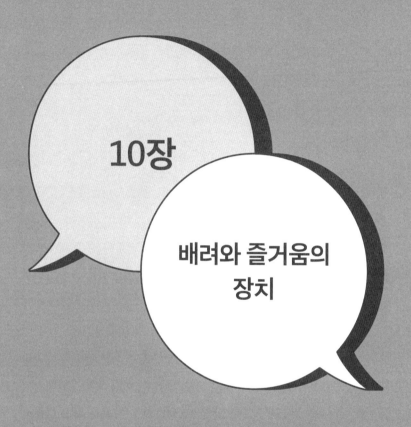

10장

배려와 즐거움의
장치

말이 기분을 좋게도 한다. 빠르고 적절한 사과는 존중받는 기분을 느끼게
한다. 예시는 대화의 흥미도를 높이고, 숫자 3은 안정감을 주며, 두운과 각
운은 어깨나 발가락을 춤추게 한다.

34 빠르고 적절한 사과를 한다

손석희의 '죄송합니다'

사과로 상대를 기쁘게 할 수 있다. 빠르고 적절한 수준의 사과라면 더욱 좋다. 여기서는 손석희 앵커의 사과법에 대해서 이야기해보자.

〈JTBC 뉴스룸〉에 출연한 유해진 배우는 긴장을 많이 한 것 같았다. 예능이나 드라마가 아닌 뉴스 프로그램에 출연하는 것도 부담이었겠지만 그가 직접 밝힌 또 다른 이유도 있었다. 면박이 걱정되어서였다. 자신이 말을 제대로 못하기라도 하면, 손석희 앵커가 평소 말버릇 그대로 "제 질문을 이해 못하신 것 같네요"라고 힐난할까 봐 마음을 졸였다는 것이다.

사정을 들어보니 손석희 앵커가 긴장 원인 제공자였다. 빠르게 사과했는데 이때 손석희 앵커의 문장은 정확히 어땠을까?

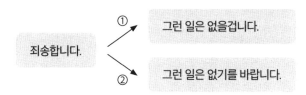

보통 사람은 ①처럼 말할 확률이 높다. 힐난하지 않기로 약속할 테니 긴장하지 말라는 당부이다. 그런데 보통 사람과 다른 손석희 앵커는 ②를 선택했다. 묘한 말이다. "그런 일이 없기를 바란다"라고 했다. 면박을 안 주겠다는 약속이 아니다. 상황을 보고 결정하겠다는 뜻이다. 그러니까 바로 앞에 "죄송합니다"라고 하기는 했지만 그건 100% 사과가 아니다. 자신도 어쩔 수 없다는 해명이 반쯤 섞여 있는 반쯤 사과이다.

경우에 따라서 우리도 그렇게 사과하면 된다. 50% 정도만 사과하는 것이다.

실전 대화 팁

- 미안합니다. 앞으로는 그런 일이 없기를 바랍니다.
- 죄송해요. 저도 그런 일이 더 이상 안 일어났으면 좋겠어요.
- 미안해. 나도 어쩔 수 없는 면이 있지만 노력은 해볼게.

손석희 앵커는 80% 사과도 한다. 예를 들어 한석규 배우가 뉴스 프로그램에 출연했을 때였다. 두 사람은 배우의 노화에 관해서 대화를 나눴다.

손석희 : 여자 배우들 특히 그렇지만 나이 드는 걸 굉장히 두려워하시는 것 같더라고요. 그래서 얼굴도 이렇게 손도 많이 보시고. 전 별로 좋아 보이진 않던데요.

한석규 : (3초 침묵 후) 예~ 근데….

손석희 : (급히 끼어들며) 죄송합니다. 다른 배우 이야기하면 여긴 뭐 적절치 않은데요.

한석규 배우는 왜 3초 정도 할 말을 잊고 당황했을까. 손석희 앵커가 안 될 방향으로 이야기를 이끌었기 때문이다. 손석희 앵커의 발언 때문에 갑자기 동료 배우들을 비평하는 자리가 되어버렸다. 한석규 배우로서는 긍정할 수도, 부정할 수도 없는 곤란한 지경이었다. 그러니 잠시 말을 잊고 당황한 게 하나도 이상하지 않다. 여기서 중요한 사실이 있다. 손석희 앵커는 굉장히 이성적인 사람으로 보인다. 꼿꼿이 정신을 차리고 자기 말을 통제하는 이미지를 갖고 있다. 그런데 아니다. 매 순간 쉬지 않고 이성적으로 자신을 모니터링하고 통제할 수 있는 초인은 세상에 없다.

"배우들이 얼굴에 손을 대는 게 보기 좋지 않았다"라고 말한 순간 손석희 앵커는 정신줄을 놓은 상태였다. 노벨상을 받은 심리학자 대니얼 카너먼이 널리 알린 개념을 빌리면, 손석희 앵커의 뇌에서는 시스템1이 작동하고 있었던 것이다. 시스템1은 즉흥적이고 자동적인 사고를 담당한다. 이를 닦을 때나 익숙한 길을 운전을 할 때의 그 멍한 정신 상태다. 손석희 앵커는 그런 편안한 정신 상태로 배우의 얼굴 성형에 대한 평가를 뱉고 말았던 것이다.

그런데 손석희 앵커는 순발력이 대단하다. 잠시 머뭇거리는 한석규 배우의 반응을 보고는 상황의 전모를 순식간에 파악한 것이다. 자신의 시스템1이 실수를 저질렀다는 걸 깨닫고는 신속히 사과했다.

사과를 했다는 것은 의식적이고 이성적인 사고를 담당하는 시스템2가 작동했다는 뜻이다. 그런데 정신을 차린 손석희 앵커는 뭐라고 사과했던가? 위에서 말했듯이 사과는 이랬다. "죄송합니다. 다른 배우 이야기하면 여긴 뭐 적절치 않은데요."

그런데 "죄송합니다. 적절치 않았습니다."는 뜨거운 사과가 아니다. "죄송합니다. 그런 일이 없기를 바랍니다."보다는 고개를 더 숙였지만, 전폭적인 사죄는 아닌 것이다. 80% 사과라고 이름 붙일 수 있겠다. 우리는 여기서 좋은 아이템을 득했다. 우리도 외웠다가 생존의 전투 현장에서 방패로 쓰면 된다. 잘못하기는 했는데 죽어라 사죄할 정도는 아니면 이렇게 말하는 것이다.

- 미안합니다. 제 말이 적절치 않았네요.
- 미안해. 이런 상황에는 어울리지 않는 말이었어.
- 죄송합니다. 좀 더 적절하게 표현했어야 하는데.

상황에 맞지 않았다는 것이지 나의 말이 철저하고 완전하게 틀렸다는 말은 아니다. 자기변호의 공간을 조금은 남겨둔 기술적인 사과법이다.

이제 100% 사과가 남았다. 손석희 앵커는 순도 100% 사과도 한다. 엎드려 빌듯이 사죄하는 것이다. 심상정 대선 예비 후보가 뉴스 프로그램에 출연했을 때다.

손석희 : 당선 가능성과는 아주 현실적으로 보면 거리가 있어 보이는데 그럼에도 출마하시는 이유는 뭐라고 여쭐까요?

심상정 : 뭐 이렇게 단정하십니까?

손석희 : (약간 당황) 죄송합니다.

심상정 : 아직 선거 일정도 확정이 안 됐는데 선거 다 끝난 것처럼… 그렇게 하시면 제가 섭섭하고요.

손석희 : (진지하게) 질문 취소하겠습니다.

이번에도 반응 속도가 아주 빨랐다. 손석희 앵커는 죄송하다며 신속히 질문을 취소했다. 그리고 이번에는 완전한 100% 사과다.

위의 대화를 나눌 때 손석희 앵커의 뇌에서는 어떤 일이 벌어졌을까. "당선 가능성이 현실적으로는 거리가 있다"라고 말한 순간 시스템1이 작동했다고 볼 수 있다. 너무 안이하고 편안한 표현이었다. 그런데 심상정 후보가 정색하며 "섭섭하다"라고 말했다. 충격을 받은 손석희 앵커의 뇌는 이성적 판단을 관장하는 시스템2를 깨웠고 시스템2는 심각한 상황이라고 판단하고는 최고 수준의 사과를 손석희 앵커의 입에게 지시했다.

이쯤에서 정리할 수 있다. 손석희 앵커는 대·중·소 사과 세 종류를 준비해놓고 있다. 나의 책임이 제한적일 때는 50% 정도 사과를 하고 전적으로 책임져야 하는 상황에서는 100% 사과를 내놓고 중간일 때는 80% 사과를 꺼낸다.

우리도 그렇게 상황별로 수준을 선택해서 적절히 사과하면 된다.

실전 대화 팁

- 죄송합니다. 그런 일이 없기를 바랍니다.
- 죄송합니다. 제 말이 부적절했습니다.
- 죄송합니다. 질문 취소하겠습니다.

- 미안합니다. 노력은 했지만, 상황이 여의치 않았습니다.
- 미안합니다. 저의 노력이 충분하지 않았습니다.
- 미안합니다. 제가 부족했습니다. 비난도 달게 받겠습니다.

- 미안해. 하지만 나의 잘못만은 아니야.
- 미안해. 나의 책임이 직지는 않다.
- 미안해. 내 잘못을 100% 인정한다.

　손석희 앵커는 수준별 사과 능력 말고도 또 다른 특성이 있다. 바로 속도다. 위에서 봤지만, 그는 사과가 필요한 돌발적 순간을 빠르게 감지하고 신속히 사과한다. 그럴 때 손석희 앵커는 표범처럼 예민하고 빠르다.

　수준급의 사과 순발력은 상대의 감정 변화를 섬세하게 관찰하기 때문에 얻게 된 능력일 것이다. 나의 영향이 상대의 마음속에 일으킨 파장을 살피고 분석하는 것이다. 그런 파장은 입 모양과 안색과 시선에서 드러난다. 나의 영향에 미세하게 반응하는 상대방 얼굴을 가만히 관찰하고 분석하는 능력, 그것을 손석희 앵커는 보유하고 있을 것이다.

35 예시로 흥미도를 높인다
마야 안젤루의 자기 사랑

팀장이 나를 공격했다. "당신은 참 불성실하다"라고. 나는 어떻게 반응하는 게 좋을까?

①은 노예의 화법이다. 무턱대고 고개를 숙여버리면 안 된다. 근거도 없이 불성실을 인정하는 꼴이 될 뿐 아니라, 팀장의 말뜻을 정확

히 알 수 없어 주의하거나 시정하는 것도 어려워져서 문제다.

②가 낫다. 나의 불성실의 구체적인 예를 들어달라고 해야 상대의 뜻을 정확히 알 수 있고 나의 문제점을 고치건 말건 할 수 있다.

> 나　　: 내가 불성실하다고요? 예를 들어줄 수 있나요?
> 팀장 : 당신은 이번 주에 지각을 했잖아요. 그건 불성실한 행동이에요.

팀장은 예시를 했다. 즉 예를 제시한 것이다. 그러면 예는 무엇일까? 예는 일반적인 것을 설명하는 구체적인 것이다. 좀 더 살을 붙이면, 예는 일반적 개념을 설명해주는 구체적 사물이나 사건이다. 위에서는 불성실이라는 일반적 개념이다. 그것을 설명해주는 구체적인 것이 꼽혔는데 바로 지각이다. 지각이 불성실한 행동의 예가 되는 것이다.

> 팀장 : 당신은 이번 주에 지각을 했잖아요. 그건 불성실한 행동이에요.
> 나　　: 또 다른 예는 없나요?

나는 예가 하나로는 부족하다고 말했다. 올바른 지적이다. 주장을 하기 위해서는 예가 하나로는 부족할 때가 많다. 보통은 두 개 이상, 즉 복수의 예가 있어야 주장이 강화된다.

나 　 : 또 다른 예는 없나요?

팀장 : 이번 주에 지각했고, 업무 시간에 조는 것도 봤어요. 예가 두 개나 되
　　　는 거예요. 당신은 불성실한 직원입니다.

나 　 : 그건 3일 동안 11시까지 야근해서 피곤했기 때문입니다. 누구보다 일
　　　을 많이 했기 때문에 지각하고 졸게 된 거예요. 그 예들이 불성실의 증
　　　거는 될 수 없는 겁니다.

나는 예가 타당하지 않다고 지적하고 있다. 예는 타당해야 한다. 논리적이거나 세상 이치에 맞아야 하는 것이다. 아니면 예로서 가치를 잃게 된다.

위의 내용을 정리하면 이렇게 된다. 예는 일반적인 것을 설명해주는 구체적인 것이다. 주장을 할 때는 보통 예를 제시해야 하며, 예는 두 개 이상이어야 좋고, 예는 반드시 타당해야 한다.

이제 언어 능력 보유자들의 경우를 살펴보자. 먼저 진화론의 선구자 찰스 다윈은 뭐라고 말했을까?

① 어린 동물들만큼 행복이 무엇인지 잘 보여주는 것도 없다.

② 강아지, 고양이, 새끼 양 같은 어린 동물보다 행복이 무엇인지 잘 보여주는 것도 없다.

①은 허전하다. 중요한 것을 빠뜨린 느낌이다. ②에는 그것이 채

워져 있다. 예가 있는 것이다. 어린 동물의 예로서 강아지 등을 제시했기 때문에 의미가 선명하게 전달된다. 찰스 다윈은 ②라고 말했다.

프랑스 철학자 시몬 드 보부아르는 또 뭐라고 했을까?

① 타인의 삶에 가치를 부여해야 우리의 삶이 가치를 갖는다.
② 사랑, 우정, 공분, 연민을 통해서 타인의 삶에 가치를 부여해야 우리의 삶이 가치를 갖는다.

시몬 드 보부아르는 ②라고 말했다. 타인의 삶을 가치 있게 만드는 방법들이 예시되어 있다. 사랑, 우정, 공분, 연민과 같은 예가 없기 때문에 ①은 공허하게 들린다.

글쓰기와 말하기에서는 예시는 필수적이다. 앞에서 말했듯이 예는 일반적 개념을 설명하는 구체적인 사물이나 사건이 예다. 어린 동물은 일반적인 개념이고 강아지와 새끼 고양이는 구체적인 예이다. 또 타인의 삶에 가치를 부여하는 방법은 일반적 개념이지만 사랑과 우정 등은 구체적인 예다. 그렇게 적절한 예를 제시하면 말과 글이 탄탄해진다.

예시의 두 가지 선물, 이해도와 흥미도의 급상승

듣는 사람의 입장에서 질문해볼 수 있다. 예시를 하면 청자에게 어떤 좋은 일이 생길까? 첫 번째는 위의 내용과 연관 있다. 말뜻이 분명해져서 청자의 머릿속이 화창해진다.

인간 인지 능력에는 한 가지 결점이 있다. 사람은 일반적인 것을 직접 인식하기 어렵다. 대개 구체적인 사례를 거친 후에야 일반적 이해에 도달할 수 있다.

가령 "당신은 불성실합니다"라는 짜증스러운 지적을 누가 했다고 하자. 불성실은 일반적인 개념이다. 즉 범위가 너무 넓다. 지각, 결근, 업무 미루기, 졸기, 개인적인 주식 투자, 공상, 사적 메일이나 통화 등이 다 포함된다. 그래서 불성실을 지적해도 듣는 사람은 무슨 뜻인지 알 수 없다. 머릿속에 안개가 끼는 것이다. 이때 지각이나 졸기 등 구체적인 예를 들어주면 모호하던 뜻이 선명해지고 머릿속 안개가 걷힌다. 안경 렌즈를 닦은 듯이 눈이 시원하다.

예시의 또 다른 선물이 있다. 지루해서 고통받던 청자의 마음을 즐겁게 한다. 흥미도를 높이는 것이 예시의 중요한 두 번째 선물이다.

우리가 살펴볼 사례는 역사학자 유발 하라리의 인터뷰 발언이다. 2017년 2월 미국 언론 〈복스Vox〉와 인터뷰에서 유발 하라리는 이렇게 말했다.

인간의 모든 대규모 협력은 픽션에 기초한다.

일반적이고 추상적인 진술이다. 무슨 말인지 알아들을 수 있는 사람은 많지 않다. 그런데 난해함보다 더 큰 문제는 무미건조함이다. 재미없는 말이어서 듣는 사람이 짜증스럽다.

이때 반전을 위해서 필요한 것이 바로 예시다. 돈을 예로 들면서 하라리는 이렇게 말했다.

아주 좋은 예는 돈입니다. 돈은 가장 성공적인 스토리일 겁니다. 돈은 아무런 객관적 가치가 없어요. 그것은 바나나나 코코넛과는 다릅니다. 1달러 지폐를 보십시오. 먹을 수 없습니다. 마실 수도 없습니다. 입을 수도 없죠. 그 지폐는 완전히 무가치합니다….

다른 동물도 가끔 교환을 합니다. 예를 들어 침팬지들도 교환을 하죠. 나에게 코코넛을 하나 주세요. 나는 바나나를 줄게요. 이것이 침팬지에게도 통하는 것입니다. 그러나 무가치한 지폐 조각을 주고 바나나를 받기 기대한다? 그것은 침팬지에게는 절대 통하지 않습니다.

돈은 픽션이다. 본래적 가치가 전혀 없는 허구일 뿐이다. 동물들은 돈이라는 픽션을 믿지 않지만, 사람은 믿는다. 돈을 믿기 때문에 사람들은 경제 활동이라는 대규모 협력 활동을 하고, 문명까지 세울 수 있었다는 게 하라리의 분석이다.

중요하지만 재미는 별로 없는 딱딱한 이야기다. 그런데 여기서 바나나, 코코넛, 침팬지 등이 예시로 제시되니까 없던 재미가 생긴다. 딱딱한 이야기가 흥미로운 이야기가 되는 것이다. 이해가 잘 될 뿐 아니라 재미까지 있다니 이것은 적절한 예시 덕택이다.

적절한 예시는 큰 선물이다. 듣는 사람이 시원하게 이해하도록 돕고 흥미도 느끼도록 만드는 것이 예시의 힘이다. 그러니 우리는 예를 잘 드는 사람에게 본능적으로 끌린다. 그가 좋아지고 그의 말에 동의하게 된다.

예시 능력을 높이려면 듣고 읽는 게 기본 방법이다. 뛰어난 강연과 책에는 좋은 예시가 가득하니까 배우면 된다. 그와 함께 실행도 효과가 높다. 예시를 말 습관화하면 예시 능력이 차츰 높아지는 결과를 맞게 될 것이다. 이렇게 말하는 버릇을 가지면 된다.

실전 대화 팁

- 나는 무례한 행동이 싫어. 예를 들어서 ~
- 저는 합리적인 대화가 좋아요. 이를테면 ~
- 나는 너를 신뢰해. 설령 네가 ~
- 그 사람은 인성이 참 좋다. 가령 ~

예를 들어서, 이를테면, 예컨대, 가령, 말하자면 같은 표현을 입에 붙이고 지내야 한다. 나의 예시 능력이 곧 높아질 것이다.

반대로 상대에게 예시를 요구할 수도 있어야 한다. 만일 상대가 "너는 불성실하다"라거나 "너에게 서운할 때가 있다"라고 말했다면 그게 어떤 경우인지 구체적으로 예시를 해달라고 요구해야 하는 것이다. 질문하지 않으면 상대는 독재자가 된다. 겁먹지 말자. 연인, 상사, 친구, 영업 사원에게 구체적인 예를 말해달라고 차분하고 집요하게 요구하는 게 옳다. "무슨 뜻인지 모르겠어요. 예를 들어줄 수 있나요?"라고 정중하게 묻는다. 관계가 훨씬 건강해진다.

이제는 연습 문제를 풀면서 예시 능력을 조금이라도 키워보자.

연습 문제

▶ 아래 빈칸에 예를 채워보자.

① 행복은 배우는 것이다. 인생의 많은 것처럼 학습이 가능한 게 행복이다.
② 행복은 배우는 것이다. _____

①의 "인생의 많은 것"은 모호하다. 구체적인 예로 대체하는 것이 좋겠다. ②의 빈칸을 이렇게 채울 수 있다. "행복은 배우는 것이다. 걸

기, 노래하기, 읽기처럼 학습이 가능하다."

① 사람 마음은 다 똑같다. 비슷한 감정을 느끼면서 살아간다.
② 사람 마음은 다 똑같다. ＿＿＿＿＿＿＿＿＿＿＿＿＿＿＿

①의 "비슷한 감정"은 공허하다. 특수한 예를 제시하는 게 낫다.
②를 이렇게 쓰면 된다. "사람 마음은 다 똑같다. 사람은 누구나 울고
웃고 두려워하고 희망한다."

▶ 아래는 미국의 시인 마야 안젤루가 1997년 5월 웨버 주립 대학교
  에서 했던 강연 중 일부이다. 빈칸을 어떤 말로 채울 수 있을까?

나는 자신을 사랑하지 않으면서 나에게 "당신을 사랑해"라고 말하는 사람을
신뢰하지 않는다…. 아프리카 속담에 이런 말이 있다.

＿＿＿＿＿＿＿＿＿＿＿＿＿＿＿＿＿＿

마야 안젤루는 이렇게 말했다.

나는 자신을 사랑하지 않으면서 나에게 "당신을 사랑해"라고 말하는 사람을
신뢰하지 않는다…. 아프리카 속담에 이런 말이 있다. 옷을 걸치지 않은 사람
이 티셔츠를 주겠다고 제안하면 조심하라.

자기 사랑이 없으면 남을 사랑할 수 없다는 경구는 맞는 말 같으면서도 추상적인 느낌이 든다. 마야 안젤루는 아프리카 속담을 예로 들어서 추상성 문제를 해결했다. 그녀는 이렇게 물은 셈이다. "예를 들어서 자신의 옷도 없는 사람이 남에게 티셔츠를 줄 수 있을까요?" 격언이나 속담도 예시에 쓸 수 있다.

▶ 다음 중 어떻게 말하는 게 더 매력적으로 보일까?

① 나는 피아노 연주 듣기를 좋아해요. 하지만 너무 잔잔한 것은 내게 맞지 않아요. 조금 격정적인 피아노 음악이 마음에 들어요.
② 나는 피아노 연주 듣기를 좋아해요. 하지만 고요한 쇼팽보다는 격정도 느껴지는 바흐가 나에게 맞아요. 글렌 굴드나 자크 루시에가 연주하는 바흐가 특히 마음에 들어요.

무슨 말인지 알 수 없더라도 ②가 더 매력적이어서 듣는 사람 마음에 깊이 남게 된다. 구체적으로 예를 많이 들었기 때문이다. 음악이 아니라 영화, 책, 인물, 음식 등 무엇이건 예(여기서는 고유 명사)를 많이 말하는 게 언어 매력도를 높이는 길이다.

▶ 언어 천재라 불러도 손색없는 문인 호르헤 루이스 보르헤스는 어릴 때부터 심한 근시여서 정확히 보이는 게 책뿐이었다. 아래는

그의 어린 시절 독서 추억담이다. (《Jorge Luis Borges: The Last Interview: and Other Conversations》에 실린 내용을 번역한 것이다.) 아래 글의 매력은 무엇일까?

"나는 《허클베리 핀의 모험》 《미시시피 강의 추억》 《유랑》 등에 나오는 모든 일러스트레이션을 기억합니다. 그리고 《아라비안 나이트》의 일러스트레이션도요…. 그리고 백과사전과 사전의 일러스트레이션도 잘 기억합니다. 예를 들어 동물과 피라미드 판화가 있던 미국판 브리태니커 백과사전이나 챔버스 백과사전 말입니다."

여러 가지 매력을 꼽을 수 있겠지만 예시 능력이 단연 돋보인다. 예를 구체적으로 제시한 덕분에 흥미롭고 빨려드는 추억담이 되었다. 고유 명사를 예로 들면 말과 글은 더 큰 힘을 갖게 된다.

36 안정감을 주는 3을 기억한다

J. K. 롤링의 실수

왠지 허전한 것은 어느 쪽이고 충만한 것은 또 어느 쪽일까?

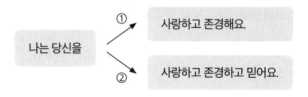

②와 비교해보면 ① 은 조금 부족한 느낌이다. 말을 하다가 만 것 같다. 세 마디로 이루어진 ②는 가득 찬 느낌이 든다.

아래 예문도 비교해보자.

① 너는 예쁘고 해맑아.

② 너는 예쁘고 해맑고 매력적이야.

③ 너는 예쁘고 해맑고 매력적이고 놀라워.

언어 감각에 따라 다르긴 하겠지만 ①은 부족하고 ③은 넘친다고 느낄 독자가 적지 않을 것이다. 길이가 적당하게 느껴지는 것은 ②다. 세 가지를 열거하는 게 짧지도 않고 길지도 않아서 좋다.

올림픽 모토는 또 어떤가?

① 더 빨리, 더 높이, 더 힘차게

② 더 빨리, 더 높이, 더 힘차게, 다 함께

2021년 ②로 변경되기 전까지 올림픽 구호는 127년 동안 ①처럼 세 마디였다. ②가 어색한 것은 새것이어서만은 아닐 것이다. 네 마디씩이나 되기 때문에 입에 잘 붙지 않는다.

사람이 무의식적으로 3을 좋아한다는 사실은 많이 알려져 있다. 가령 이야기 제목에는 3이 많다. 아기 돼지는 사 형제가 아니라 삼 형제다. 한집에 사는 곰도 세 마리이고 용감하고 정의로운 그들 용사는 삼총사이다. 그리고 3개 요소로 이뤄진 개념도 흔하다. 과거, 현재, 미래이다. 탄생, 성장, 죽음이고 시작, 전개, 끝이다.

비슷한 예는 수천 년 역사의 다양한 부문에서 찾을 수 있다.

- 성부 성자 성령 (기독교)
- 왔노라 보았노라 이겼노라 (율리우스 카이사르)
- 자유 평등 박애 (프랑스 혁명의 구호)
- 생명 자유 행복의 추구 (미국 독립 선언서)
- 저스트 두 잇 (광고 카피)
- 좋은 놈 나쁜 놈 이상한 놈 (영화 제목)
- 피 땀 눈물 (노래 제목)

둘도 아니고 넷도 아니다. 예외도 적지 않지만, 보통은 세 마디로 이루어진 표현이 가장 호소력이 높다. 그것은 3이 패턴을 만드는 최소의 개수이기 때문이다. 패턴은 반복되는 요소이다. 2개에서는 찾기 힘든 반복적 패턴이 3개부터는 보인다.

가령 성공한 영화나 음악을 세 편 정도는 분석해야 문화 상품의 흥행 코드를 알 수 있다. 사람도 세 번 정도는 만나야 단발성 행동인지 반복적인 습관인지 파악할 수 있다.

또 '성부 성자'라고 해보자. 반복적 요소가 '성'인지 아니면 '부'와 '자'라는 연관 개념이 반복적으로 쓰이는 것인지 분명하지 않다. 그런데 성령이 더해져서 '성부, 성자, 성령'이 되면 '성'이 반복적 요소라는 게 확실해진다.

그리고 "왔노라 보았노라"까지만 들으면 관광 이야기로 착각해도 뭐랄 수 없지만 "이겼노라"까지 더해지면 전쟁 이야기인 걸 분명히 알게 된다. 세 마디를 꿰뚫는 공통점 또는 세 마디 속의 반복적 요소가 눈에 들어오는 것이다.

3은 기쁘고 반가운 숫자다. 패턴이 보이면 뇌는 대상을 쉽게 이해하고 오래 기억한다. 그래서 사람들이 3을 본능적으로 선호하는 것이고, 언어 능력자들은 자기도 모르게 3요소로 이루어진 말을 만들게 되는 것이다.

- 어떤 책은 맛을 보고 다른 책은 삼키고 어떤 소수의 책은 씹어서 소화한다. (프랜시스 베이컨)
- 모든 진리는 세 단계를 거친다. 첫째 진리는 조롱당한다. 둘째 진리는 격한 반대를 맞는다. 셋째 진리는 자명한 것으로 받아들여진다. (아르투어 쇼펜하우어)
- 단순하면서도 압도적인 세 가지 열정이 내 인생을 좌우했다. 사랑에 대한 갈망, 지식 열망, 인류의 고통에 대한 참을 수 없는 연민이 그것이다. (버트런드 러셀)

물론 하나여도 좋다. "유일한 ～은 ～이다"라고 해도 주목을 받는다. 그런데 하나만 거론하는 것으로 부족하면 둘이나 넷이 아니라 셋을 택하는 게 낫다. 프랜시스 베이컨이나 버트런드 러셀도 선택과 고민을 거듭하다가 최종적으로 세 가지씩만 꼽았을 것이다.

우리도 세 가지만 선별해서 주장하는 습관을 들이는 게 좋다. 예를 들면 이렇게 말하는 것이다.

- 어제로부터 배우고 오늘을 살며 내일을 꿈꾸세요.
- 성능, 디자인, AS⋯ 이 제품은 무엇 하나 빠지지 않습니다.
- 꿈, 용기, 성찰, 이 세 가지만 있으면 너는 성공할 수 있다.

말에 안정감이 생긴다. 또 이해하기 쉽고 기억도 잘 된다. 칭찬이나 홍보하고 잔소리할 때 세 마디 말을 우선적으로 고려하는 것이 좋은 이유다.

위에서처럼 한두 문장이 아니라 긴 이야기를 할 때도 3의 원칙을 잊지 말아야 한다. 먼저 이야기 전체를 서론, 본론, 결론으로 나눈다. 그리고 본론의 내용도 가능하면 세 개면 좋다. 듣는 사람들이 편안하게 여기기 때문이다.

반면교사가 있다. 해리포터의 작가 J. K. 롤링이 2020년 6월 인터넷에 공개한 글에는 이런 대목이 있다.

제가 이 새로운 트랜스젠더 액티비즘에 대해 걱정하는 이유가 다섯 가지입니다.

글을 읽은 사람들의 마음이 무거워졌을 것이다. 복잡한 젠더 문제여서도 아니고 걱정거리에 관한 이야기여서도 아니다. 문제는 이유가 다섯 가지라는 점이다. 다섯 가지씩이나 읽거나 들어야 한다는 건 힘든 일이다. 독자 혹은 청자의 인내심은 짧다.

이유가 되었건 지침이 되었건 딱 하나만 이야기하는 것이 최선이다. "하나만 이야기하겠다"라고 말하면 청중이 귀를 쫑긋 세운다. 곧 끝날 거니까 기분 좋게 들을 것이다. "가장 중요한 것은 바로 ~이다"라고 말해도 인기 강사가 될 수 있다.

만일 여러 개를 말해야 한다면 3으로 제한하는 것이 좋다. 듣는 사람이 편해진다. 위에서 보았듯이 호모 사피엔스는 3에 무의식적 호감을 갖는다. 설명할 게 세 가지라면 반갑게 여기고 또 인내할 준비를 한다. 3의 원칙을 이해하고 실행하는 화자가 듣는 이들의 사랑을 받는다.

연습 문제

두 명의 유명한 문인들은 빈칸에 어떤 말을 채웠을까?

- _____ , _____ , _____ . 그것만 있으면 이상적인 삶이다. (마크 트웨인)
- _____ , _____ , _____ . 이 세 가지가 세상 곳곳에서 사물의 얼굴과 상태를 완전히 바꾸어놓았다. (프랜시스 베이컨)

마크 트웨인은 좋은 친구, 좋은 책들, 졸린 의식을 이상적인 삶의 조건으로 생각했다. 또 프랜시스 베이컨이 보기에 세상 곳곳을 바꾼 것은 인쇄술, 화약, 뱃사람의 바늘이다. 뱃사람의 바늘은 나침반을 의미한다.

37 두운과 각운으로 리듬을 살린다

정재승의 율동

친구의 사고를 칭찬하는 말이다. 느낌의 차이를 생각해보자.

절대적인 우열이 있는 건 아니지만 ②가 리듬감이 있어서 음악을 듣는 것처럼 기분이 좋아진다. 그 리듬감은 '생각', '시원', '신선'에서 ㅅ이 반복되었기 때문에 만들어진다. 두운법이 리듬감을 낳았다. 인접한 낱말들에서 첫 자음이 똑같이 반복되면 그것이 두운법이다.

영어 표현에 예가 많다. 코카콜라, 미키 마우스, 도널드 덕, 크리스마스 캐럴, 프렌치프라이, 초콜릿 칩, 사운드 오브 사일런스를 보자. 가까운 낱말들의 첫 자음이 같아서 경쾌한 운율이 생기고 단어들이 귀엽게 느껴진다.

그래서 우리나라에서는 광고 카피에 두운법이 많이 쓰인다.

- 스물다섯 살의 신선한 생각으로 (홈플러스)
- 일상을 여는 힘 (정관장 에브리타임)
- 일상을 여행처럼 (콘벨)
- 헛기침 헌터 (용각산 쿨)
- 거리는 멀어도 거래는 가깝게 (번개장터)
- 절친 같은 저축 은행 (저축은행중앙회)
- 대한 사람 대한으로 (대한토지신탁)
- 세상 쉽게 사는 주식 (KB증권 마블 미니)
- 바르는 뷰티 (가히 뷰티밤)
- 신선함을 지키는 선순환 (SSG.COM 에코프레시)
- 캐내고 싶다, 케토톱 (한독, 케토톱)
- 물속에서 몸속까지 (제주 삼다수)

시에 두운법이 쓰이는 사례는 아주 많은데 우리가 모두 아는 윤동주 시인의 '서시'에도 있다.

오늘 밤에도 별이 바람에 스치운다.

시의 맨 마지막 행에 두운법에 활용되었다는 건 널리 알려진 평가
다. '별'과 '바람'에서 ㅂ이 거듭되었고 '오늘 밤'에서도 역시 ㅂ이 있
어서 두운 효과를 더 높인다. 그렇게 생각하고 행을 다시 읽어보면
ㅂ으로 시작되는 낱말들이 부드럽게 이어지는 걸 느끼게 된다.

두운법의 활용도는 높아서 가장 고매한 화두에서 시장의 낮은 목
소리까지 안 쓰이는 곳이 없다.

- 산은 산이요 물은 물이다.
- 불난 집에 부채질
- 국민의 국민을 위한 국민에 의한 정부
- 싸다 싸, 골라 골라

호모 사피엔스는 첫소리가 비슷한 단어들이 이어져 들리면 자기
도 모르게 기분이 좋아진다. 적절한 두운법 활용이 상대의 마음을 열
수 있다.

- 당신은 생각이 시원시원하고 새롭고 산뜻합니다.
- 영원히 여행 같은 일상을 보내게 해줄게.
- 너의 말은 한마디 한마디 하나도 버릴 것이 없다.
- 너의 손이 내 손을 잡으면 나는 숨을 쉴 수 없다.

끝소리를 반복하며 노래하듯 말한다

첫소리가 아니라 끝소리를 반복해도 말과 글이 재미있어진다. 물리학자 정재승 교수가 한국어 끝소리 반복 부문에서 최고 고수여서 세상 어디에 내놓아도 빠지지 않는다.

정재승 교수는 한 인터뷰에서 이렇게 말했다(유튜브 채널 〈빡독_빡세게 독서하자〉).

언어는 지금 상황을 나에게 유리하게 편집하고, 왜곡하고, 과장하고, 때로는 누락하고, 이러면서 말하는 사람에게 유리하게 말하도록 발달해있다.

"편집하고", "왜곡하고", "과장하고", "누락하고"는 끝소리가 같다. "하고"로 끝나는 말이 연이어지니 저절로 신나는 리듬감이 생긴다.

중요한 것은 위 문장이 수사학에서 말하는 병렬 구조라는 점이다. "편집하고", "왜곡하고", "과장하고", "누락하고"는 모두 4음절이고 모양도 비슷한데 이것들을 나란히 늘어놓은 것이다. 소리의 반복도 그렇지만 그런 병렬 구조도 글말의 리듬을 만들어낸다.

또 다른 예를 보자. tvN 〈알쓸신잡〉에서 워라밸 현상에 관해서 이야기할 때였다. 일work과 인생life의 균형balance을 청년들의 지향에 관해서 설명하면서 정재승 교수는 이렇게 말했다.

내가 적절히 일하고 내 삶을 적절히 꾸미고 그 둘 사이에 밸런스를 이루는 게 제일 중요한 가치인 거예요. 젊은이들이.

"적절히 ~고"를 두 번 말했다. 같은 구조가 병렬되어 반복되면서 말뜻이 강조되고 운율감도 생겼다. 정재승 교수는 "고"가 지겨웠는지 대신에 "아"로 각운을 만드는 실력을 자랑하기도 했다.

걔는 워라밸이 나빠, 그 일은 워라밸이 안 좋아, 이런 표현을 진짜 많이 쓰는 거예요.

"워라밸이 나빠"와 "워라밸이 안 좋아"가 이어졌는데 둘 다 "아"로 끝나기 때문에 라임이 생겨난다. 현장에서 짜낸 결과는 아닐 것이다. 능숙한 악기 연주자처럼, 오랜 연습 끝에 몸에 밴 것이다.

그런데 놀랍게도 정재승 교수는 자신이 만드는 리듬에 따라 율동까지 한다.

> 결국 삶을 지탱하기 위해 (오른손을 편다) 일을 하고 (왼손을 편다) 일에서의 보람은 다시 삶으로 전환되고 (왼손으로 오른손을 덮는다)

한 손을 펴고 그다음에 다른 손을 폈으며 마지막에는 두 손을 겹쳤다. 손의 배역 배분도 정확하다. 오른손은 삶이고 왼손은 일이었으며 끝에는 말의 내용에 딱 맞게 왼손 일이 오른손 삶을 덮었다.

소리뿐 아니라 동작도 리듬을 만들어낸다. 성대와 몸으로 이중의 리듬감을 만드는 정재승 교수는 최상위의 언어 수재이다.

우리가 그를 따라잡을 수야 없지만 배워서 따를 수는 있다. 다다다다 우산 위에 떨어지는 빗소리처럼 리듬은 쾌감을 준다. 우리도 각운을 이용해 노래하듯이 말하면 상대에게 달콤하게 들린다.

실전 대화 팁

- 당신은 현명하고, 유능하고, 눈부시고 그런 사람입니다.
- 오늘은 밥을 먹고, TV 보고, 과자 먹고, 낮잠 자고 하면서 푹 쉴 거야.
- 성능이 최고이고요, 디자인도 뛰어나고요, 가성비는 말할 것도 없고요.

리듬감 있게 말하려 할 때 필요한 것은 동심이다. 아이처럼 노래하고 찧고 까불고 장난치며 말하겠다고 마음먹으면 된다.

11장

과장과 유머

최대한 부푼 풍선을 보여주는 게 과장법이고, 풍선을 점점 크게 불어서 긴
장감을 일으키는 게 점층법이며, 풍선을 최대로 불어서 빵 터뜨리는 것이
급락법이다.

38 큰 숫자로 과장하고 설득한다

빌 브라이슨의 고마운 몸

동의하기 쉬운 말은 어느 쪽인가?

아무래도 ②처럼 숫자로 뒷받침하면 동의를 얻기 쉽다. 숫자에서
는 거부하기 힘든 과학적 객관성의 향기가 나기 때문이다. 근거 속에
숫자가 없다고 설득 못하는 것은 아니지만 숫자를 활용하면 더 쉽고

편하다. 반박 가능성도 작다. 그런 사실을 잘 아는 사람이 물리학자 정재승 교수다.

인상 깊은 두 가지 사례를 살펴보자. 그는 로봇 태권 브이와 마징가 제트의 전투력을 비교한 적이 있다. 둘이 싸우면 태권 브이가 승리할 거라고 평가했는데 근거는 반응 속도의 차이였다. (tvN 〈알쓸신잡〉)

> 마징가 제트처럼 사람이 기계를 조종하면, 조종이 로봇의 동작으로 나타나는 시간이 0.4초에서 0.8초다. 반면 로봇 태권 브이처럼 동작을 그대로 따라 하는 경우 0.2초이다. 그래서 로봇 태권 브이가 이긴다.

촬영 현장에서는 웃음과 박수가 터졌다. 각각 감탄과 동의의 뜻일 것이다. 숫자를 이용해 이렇게 간명하게 설명하니까 감탄하고 동의하지 않을 수 없었던 것이다.

정재승 교수가 BBS(불교방송)에서 했던 강연의 소재는 공원이었다. 그는 서울에 공원이 적다고 지적했는데 이번에도 제시된 근거는 숫자였다. 그에 따르면 미국 뉴욕시에는 공원이 1,700개 넘고 뉴욕시민은 집에서 공원까지 가기 위해서 평균 400m만 걸으면 된다. 그런데 서울시민은 1.5km를 걸어야 한다. 차이가 명백하다. 주장이 쉽게 이해가 된다. 반박도 하기 힘들다. 귀납의 출발점으로서 구체적 숫자만큼 설득력 높은 것은 없다는 걸 정재승 교수는 숙지하고 있는 것 같다.

우리도 숫자를 외워야 한다. 중요한 통계 수치, 경제 지표, 제품

스펙, 역사적 사건의 연도 등을 쓰고 외우고 잊었다 다시 외워야 한다. 정재승 교수라고 숫자들을 한 번에 다 외우지는 못할 것이다. 망각과 암기를 반복해서 수치 정보를 많이 저장해둘수록 우리의 뇌는 설득력 높은 말글을 더 많이 생산할 수 있다. 반대로 귀찮아서 숫자를 외우지 않으면 설득력 있게 말하는 쉬운 길을 포기하는 게 된다.

그런데 숫자 과장법도 효과적이다. 큰 숫자를 쓰면서 말하는 것이다. 그러면 설득력도 따라 커질 뿐 아니라 신비감까지 자아낼 수 있다.

예를 들어보자. 어떻게 말해야 효과적인 사랑 고백이 될까?

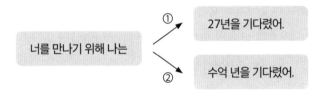

②는 과장이어도 터무니없는 과장이다. 하지만 감동을 줄 수 있다. 웃음도 나게 한다. 무슨 뜻인지 듣고 싶어지기도 한다. 과장이 마음을 설레게 할 수 있는 것이다.

tvN 〈알쓸신잡 3〉에서 물리학자 김상욱 교수가 사랑 고백을 했던 때를 회고했다.

아내가 될 사람을 만났을 때 아무 의미가 없는 이 우주에서 거대한 의미가 생겼죠. (와~ 사람들 탄성)… (이렇게 고백했어요) 내가 너를 만나기 위해 단세포 생물로부터 지금까지 진화해왔어.

첫 번째 문장이 탄성을 자아낸 데는 반복법과 대조법의 힘이 크다. 반복된 것은 '의미'이다. 그리고 0이었던 의미가 거대한 의미로 커지면서 큰 대조를 이뤘다. 이렇게 의미를 무한 배수로 키운 것은 다름 아니라 사랑의 힘이라고 김상욱 교수는 평했다. 달콤하고 로맨틱하다. 촬영 현장의 사람들이 감탄하지 않기 어려웠을 것이다.

두 번째 문장은 김상욱 교수의 대단한 과장이었다. 수십억 년 진화의 목표를 한 인간과의 만남에 수렴시키다니 그는 배포도 무척 크다. 어쨌든 과장은 사랑의 감동을 성공적으로 표현해냈다.

마크 트웨인도 수십억 년 세월을 운운하면서 절묘한 과장법 실력을 과시한 적이 있다.

나는 태어나기 전 수십억 년 동안 죽어 있었지만 아주 작은 불편함도 전혀 겪지 않았다.

위의 과장법이 절묘한 것은 과장이면서도 과장이 아니기 때문이다. 수십억 년 동안 죽어 있었다는 건 우주적인 허풍처럼 들리지만, 우리가 수십억 년 동안 비존재였다는 것은 사실이니까 결국 맞는 말이 된다. 마크 트웨인은 반박할 수 없는 과장법을 통해 죽음을 두려워하거나 불편하게 여길 이유가 전혀 없다고 설득한다.

《거의 모든 것의 역사》를 쓴 빌 브라이슨의 과장법은 신기하게도 자신의 몸에 감사하게 만든다. 2019년 10월 미국 라디오 방송 NPR과의 인터뷰에서 그는 놀라운 사실을 알려줬다.

그에 따르면 "우리 모두는 일 년에 평균 수천 번 암에 걸린다." 무슨 말일까? 한두 개의 세포가 암으로 발전하는 일은 빈번한데 면역 체계가 알아차리고는 문제의 세포를 즉시 죽이는 일이 한 해 동안 수천 번 반복된다는 것이다. 아마 지금, 이 순간도 우리 몸은 번식하려는 암세포와 싸우고 있을 것이다.

우리가 운이 없어서 암이 발달하고 결국 암 진단을 받는다고 가정해보자. 그때는 뭔가? 빌 브라이슨에 따르면 우리의 "몸이 이미 수만 번 암을 상대해서 처리"한 후이다.

매년 암에 수천 번 걸린다는 사실을 생각하면 놀랍다. 그리고 내 몸이 암에 걸렸다는 건 몸이 수만 번 암과 투병한 끝에 패배한 거라고 생각하면 내 몸이 측은해진다. 또 고마움도 느끼게 된다.

그런 감정은 어디에서 오는 걸까. 바로 막대한 숫자다. 수천 수만 번의 암 투병이 있었다고 하니까 마음이 울컥하는 심정이 느껴지는 것이다.

만일 그런 막대한 숫자 없이 설명했다면 어떨까. 재미도 감동도 없는 문장이 되었을 것이다. 가령 아래처럼 말이다.

일 년에도 우리 몸은 빈번하게 암세포와 싸웁니다. 암 진단을 받았다면 이미 수도 없이 암 투병을 했다는 뜻입니다. 그간 소리 없이 분투한 우리 몸에 고마워해야겠습니다.

빌 브라이슨이 위와 같이 숫자를 빼고 말했다면 실감도 감동도 없었을 것이다. 정서적 울림이 큰 말글에는 숫자가 필요하다. 그것도 큰 수라면 울림이 더 커진다.

연애 전선과 생업 전선에서 숫자를 앞세워 이렇게 말해보자.

- 너는 20만 년 호모 사피엔스의 역사가 낳은 걸작이야.
- 너를 만나고야 깨달았다. 내가 수십억 년 만의 기회를 얻었다는 걸.
- 이 휴대폰은 지금까지 3219만 개가 팔렸습니다.
- 지난 120년의 통계 자료를 보면 이런 종류의 금융 상품에 투자해서 손해 볼 확률은 0.9%에 불과합니다.

숫자를 기억하자. 그것도 엄청나게 크거나 작은 숫자를 정확히 기억했다가 적절히 활용하는 것이다. 말 잘하는 사람들은 다들 그렇게 하고 있다.

39 점점 강하게 말한다
박경리의 비극을 맞은 세상

목숨을 바쳐도 좋을 만큼 좋아한다고 고백하고 있다. 어떤 말이
상대의 마음에 오래 남을까?

개인의 취향과 어감 감수성에 따라 선택이 다르겠지만 ②가 낫다
면 그것은 점층법 표현이기 때문이다. 친구〈사랑〈심장 순서로 점점
의미의 강도가 높아진다. 듣는 사람은 에스컬레이터를 타고 오르는 느

낌이다. 혹은 로켓을 타고 하늘로 수직 상승하는 기분이다. 상쾌하고 재미있다. 오래 기억될 말이다.

고마움을 표현할 때는 어떨까?

① 생일 선물 고마웠어. 나는 눈물까지 났어. 놀랐고 기쁘기도 했고 말이야.
② 생일 선물 고마웠어. 나는 기뻤고 놀랐고 눈물까지 났어.

이견도 있겠지만 ②처럼 점층법으로 말해야 고마움이 드라마틱하게 전달된다. 사람들은 갈수록 크고 강해지는 걸 좋아한다. 점층법의 쾌감은 점점 커지는 풍선을 지켜보는 짜릿함과 비슷하다.

중요도 기준 오름차순으로 단어나 구절을 정렬시키는 수사법인 점층법은 동서양을 막론하고 흔하게 쓰인다.

2004년 MBC 〈작가 박경리〉에서 고 박경리 작가는 말했다.

그 소유의 출발에서 인간의 비극이 시작된다고 볼 수도 있죠. 인간의 비극뿐 아니라 개인의 비극, 민족과 민족과의 비극, 국가와 국가의 비극, 전쟁 이 모든 게 그 소유 개념에서 오는 거거든요. …그리고 오늘에 이르러서는 자본주의 형태로서 지구를 파괴에까지 이르게 하고 있거든요.

개인, 민족, 국가, 지구로 범위가 점점 커진다. 중요도도 높아진다. 비극이 작은 점에서 시작해서 점점 더 넓게 퍼져서 결국 지구 전체를 뒤덮는 그림이 머릿속에서 그려진다. 전형적인 점층법이다.

노벨 문학상 수상자인 철학자 버트런드 러셀은 1916년 쓴 편지에서 비통한 속마음을 털어놓은 적이 있다.

> 나는 이 세상과 거의 모든 사람들을 증오한다. 사람들을 보내 학살당하게 한 노동자 총회와 언론인을 증오한다. 또 아들이 죽임을 당한 것에 우쭐대며 자부심을 느끼는 아버지들, 그리고 매일 나오는 반대 증거에도 불구하고 인간의 천성이 선하다고 계속 주장하는 평화주의자들까지도 증오한다. 나는 이 행성과 인류를 증오한다. 그 종에 속해 있다는 것이 수치스럽다.

전쟁에 대한 철학자의 분노는 노동자 단체와 언론인에서 시작해서 아버지와 평화주의자 그리고 행성과 인류로까지 확장된다. 독자의 마음속에서 분노는 점점 커지고 강해진다.

《정의란 무엇인가》로 유명한 마이클 샌델 교수는 2013년 8월 미국의 디지털 미디어 〈바이스Vice〉와의 인터뷰에서 이렇게 말했다.

> 시장 사회는 모든 것이 팔리는 곳입니다. 또 그것은 돈과 시장 가치가 삶의 모든 측면을 지배하기 시작하는 삶의 방식입니다. 가족 생활과 개인적 관계에서부터 건강, 교육, 시민의 삶 그리고 정치까지 말입니다.

가족과 개인적 관계에서 시작해서 정치까지 점점 범위가 넓어진다. 파장이나 결과가 더욱 커지는 것이다. 역시 점층법이다.

일반인도 점층법 표현을 쓰면 일상의 대화도 재미있다. 가령 강아지의 '만행'도 점층법이 재미있게 묘사한다.

우리 강아지가 오늘 사고를 쳤어. 내 운동화 끈을 잘라먹었고 카페트를 물어뜯었고 심지어는 내 어린 시절 일기장까지 먹어버렸어.

일기장을 먹은 게 가장 큰 범행이라고 판단한다면 맨 뒤에 배치하는 것이 좋다. 최고 스타처럼 피날레를 장식하게 해줘야 하는 것이다.

비즈니스 현장에서도 점층법은 고객을 기쁘게 설득할 수도 있다.

이 금융 상품은 고객님 개인도 만족시키겠지만 가족도 기쁘게 하고 미래의 손주들에게까지도 큰 이득을 줄 수 있습니다.

점층법이다. 먼 미래까지 행복하게 만든다니 관심을 갖게 될 것이다. 그런데 만일 위의 위 문장 요소의 순서를 바꾸면 어떻게 될까?

이 금융 상품은 미래의 손주와 현재의 가족은 물론 고객님 개인에게도 큰 이득을 줄 수 있습니다.

이기심을 충동질하는 말이 되어버렸다. 문장 요소의 배치 순서가

의미를 뒤바꿀 수도 있다.

정신건강의학과 의사인 오은영 박사가 채널A의 〈오은영의 금쪽 상담소〉에서 말했다. 빈칸을 채워보자.

깊고 따뜻한 사랑을 경험한 아이들은 부모가 곁에 없어도 _____ 다. 그러나 이런 사랑을 받았다고 느끼지 못하는 사람은 부모가 곁에 있어도 _____ 다. 그리고 어떤 경우는 부모가 곁에 있어서 _____ 다.

순서대로 '편안합니다' '불안합니다' '더 불행합니다'이다. 갈수록 심리 상태가 심각해진다.

아래는 데일 카네기의 문장이다. 빈칸에 행복, 혈압, 건강을 채워 넣어서 점층법을 만들어보자.

적을 미워한다는 건 우리 자신을 지배할 힘, 즉 우리의 수면, 우리의 식욕, 우리의 _____ , 우리의 _____ 그리고 우리의 _____ 을 지배할 힘을 적에게 주는 것이다.

빈칸에 들어갈 단어는 혈압, 건강, 행복 순서다. 물론 데일 카네기 개인의 정답일 뿐이다. 단어의 순서나 단어 자체를 바꾸는 것은 언어 취향껏 얼마든지 가능하다.

40 점점 강해지다가 급추락한다
마크 트웨인의 농담

사랑을 잃은 사람은 두 가지 형식으로 SNS에 글을 올릴 수 있다.
어떤 차이가 있을까?

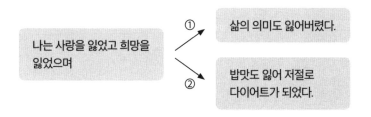

①은 점층법에 가깝다. 사랑, 희망, 삶의 의미로 점점 의미가 커지
면서 높아올라간다. 그런데 ②는 다르다. 올라가는 듯하다가 갑자기

추락했다. ②와 같은 수사법을 안티클라이막스라고 한다. 심각하고 중요한 이야기를 하다가 갑자기 분위기를 추락시키는 표현법을 뜻한다. 우리말로는 '급추락법'이라고 생각하면 되겠다.

위의 두 문장은 느낌이 다르다. ①은 단순하게 슬픈데 ②는 복잡하게 슬프다. 말하자면 ①은 마냥 슬프기만 한 데 비해서 ②는 피식 웃음이 나면서 슬프다. ②는 지성적인 성찰도 자극한다. 실연의 슬픔이 실은 대단치 않다는 자각도 준다는 것이다. 안티클라이막스, 즉 급추락법은 그렇게 우스우면서도 깊고 진지하다.

안티클라이막스의 이름 높은 두 가지 예가 있다.

- 우정의 거룩한 열정은 감미롭고 견고하고 충실하고 지속적인 속성이 있어서 평생 동안 유지된다. 돈 빌려달라고 하지 않는 한 그렇다. (마크 트웨인)
- 위기의 순간 나는 상황을 빠르게 평가하고 단호해지고 근육을 수축시키고 주먹을 쥐고 조금도 떨지 않으면서 어김없이 잘못된 일을 저지른다. (조지 버나드 쇼)

마음이 고양되다가 갑자기 추락하게 되는데, 여기서도 웃음만 나는 것은 아니라 진지한 교훈의 맛도 보게 된다. 그렇다. 우정이 대단한 것처럼 말하는 사람도 많지만 사실 우정이 돈보다 상대도 안 되게 허약한 경우가 아주 많다. 또 위기가 닥쳤을 때 돌진해서 격파하는 사람도 있겠지만, 대부분은 위기 앞에서 실수를 저지르게 마련이고 그건 인간의 자연스러운 모습이다. 농담 같은 글들이 참 큰 교훈을 주니 놀라울 뿐이다.

SF 소설에서도 안티클라이막스의 유명한 예가 있다. 《은하수를 여행하는 히치하이커를 위한 안내서》의 상황이다. 인류가 평생 알고 싶어하는 질문에 대한 궁극의 답을 알아낸 컴퓨터가 이렇게 보고한다.

위대한 질문, 생명과 우주와 모든 것에 대한 위대한 질문의 답은…. 42입니다.

듣는 사람은 힘이 빠진다. 오랫동안 기다렸던 답이 겨우 42다. 무의미한 숫자라니 실망스럽다. 그렇다면 생명과 우주란 본디 대단치도 않고 의미도 없는 것일까. 알고보니 저 농담 같은 한 문장이 어려운 수수께끼였다.

사람의 마음은 예상 못한 추락을 좋아한다. 높은 곳까지 올라갔다가 수직으로 떨어지는 롤러코스터를 타려고 내 돈 내고 긴 줄을 서는 사람들은 추락을 갈망한다. 그런 욕구를 채워주는 말을 하면 된다. 분위기를 끌어올리다가 갑자기 놓아버리는 것이다. 예를 들어 이렇게 말하면 된다.

- 나는 그 사람을 만난 후 감동을 배웠고 삶이 얼마나 아름다운지 알게 되었으며 대출 받는 방법에도 통달하게 되었다.

- 이 신형 스마트폰을 구입하시면 세련되어 보일 것이고 멋진 사진을 찍을 수도 있어요. 또 최신 게임도 몰두할 수 있으니까 잔소리하지 않는 좋은 아빠가 되실 겁니다.
- 마음이 존재의 불안을 느끼면 책을 읽거나 사랑하는 사람들을 하나하나 떠올려 봐. 간곡히 기도를 올리는 것도 위안이 되지. 그런데 가장 좋은 방법은 설거지와 청소더라고.

안티클라이맥스, 즉 급추락법은 풍선 터뜨리기와 비슷하다. 풍선을 한계까지 끝까지 밀어붙여 터뜨려버리는 것이다. 남는 것은 너덜너덜한 풍선 조각들 뿐이다. 그런 웃기고 어지러운 결과가 청자에게 묘한 만족감을 준다.

연습 문제

아래 빈칸에 알맞은 구절을 채워서 문장이 급추락법이 되도록 해 보자.

웃음은 눈물만큼 똑같이 고결하다. 웃음과 눈물은 좌절과 탈진에 대한 반응이고, 생각과 분투의 허무함에 대한 반응이다. 나 자신은 웃음을 선호한다. ＿＿＿＿＿＿＿＿＿＿ 때문이다. (커트 보니것)

여성에게 가장 아름다운 화장은 열정이다. 그런데 ＿＿＿＿＿＿ 을 사는 게 더 쉽다. (이브 생로랑)

사람을 행복하게 하려면 그의 손을 일로 채우고, 마음을 사랑으로, 정신을 목적으로, 기억을 유용한 지식으로, 미래를 희망으로 채우고, ＿＿＿＿＿＿ ＿＿＿＿＿＿ 채워주면 된다. (프레드릭 크레인)

답은 차례로 '나중에 치울 게 적기' 때문이다, '화장품'을 사는 게 더 쉽다, '위장을 음식으로' 채워주면 된다 이다.

12장

다면 묘사 감각

언어 감각이 뛰어난 이들은 다면 묘사 능력이 있다. 한쪽에서만 보지 않고 이 방향과 저 방향에서도 보는 것이다. 그래서 대조법으로 세상을 해명해 삶의 부정성과 긍정성을 동시에 보며 사건을 두 개의 앵글에서 관찰할 수 있다.

41 부정성과 긍정성의 균형을 잡는다
외로운 아인슈타인의 자부심

모두가 고통을 겪는다. 하지만 고통의 의미를 모두 똑같이 해석하지는 않는다. 아래 둘을 비교해보자.

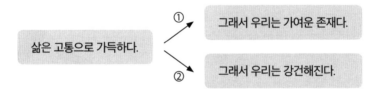

①은 부정적이고 ②는 긍정적이다. 하지만 어느 쪽이 낫다 아니다 평가하는 게 우리의 목적은 아니다. 표현 내용이 아니라 표현 기술이 우리의 관심사다.

②의 구조를 분석해보자.

삶은 고통으로 가득하다. + 그래서 우리는 강건해진다.

'부정적 사실 + 긍정적 사실' 구조이다. 이렇게 부정적 사실에 긍정적 사실을 덧붙여서 균형을 잡는 수사법이 안타나고지 antanagoge 인데, '긍부정 균형 화법'이라고 부르면 되겠다.

아래 말들이 부정과 긍정의 균형을 잡은 표현들이다.

- 세상은 고통으로 가득하지만 극복 또한 가득하다. (헬렌 켈러)
- 우리는 모두 시궁창 속에 있다. 하지만 일부는 별을 본다. (오스카 와일드)
- 너 덕분에 오랜만에 우리들이 다 모였다. (친구의 영정 앞에서)

마크 트웨인에 따르면 천국의 사람들은 유머러스할 수 없다.

모든 사람은 눈물겹다. 그런데 유머의 비밀스러운 원천은 기쁨이 아니라 슬픔이다. 천국에는 유머가 없다.

다시 말해서 이 세상에 유머가 있으니 우리의 슬픈 삶도 그럭저럭 괜찮다는 말이 된다. 삶의 부정적 면(슬픔)에서 긍정적 면(유머)을 발견했다. 안타나고지, 즉 긍부정 균형 화법이라고 할 수있다.

알베르트 아인슈타인은 1932년 베를린에서 강연하면서 이렇게 말한 적이 있다.

> 나는 일상에서 전형적인 외톨이이지만 진리, 아름다움, 정의를 위해 분투했던 사람들의 보이지 않는 공동체에 속한다고 의식해왔고, 그런 의식이 소외 감정에서 나를 보호해줬다.

현실에서는 외롭지만 정신적으로는 숭고한 정신의 공동체에 속해 있어서 견딜 수 있었다는 의미다. 고독이라는 부정적 현실을 긍정적 정체성으로 이겨내겠다는 강한 의지도 읽힌다.

아래도 먹구름 너머 햇빛을 찾은 사람들의 유명한 문장이다.

- 나는 시험에 떨어진 게 아니다. 시험을 잘 못 보는 방법 100가지를 알아냈을 뿐이다. (벤저민 프랭클린)
- 우리가 조직에서 가장 두려워하는 급격한 변동, 혼란, 불균형은 창의성의 가장 주된 원천이다. (마가렛 휘틀리)

긍부정 균형 화법은 괴로움을 완화한다. 희망도 보여줘서 마음을 밝게 한다. 그런 마음의 컨디션을 원한다면 헬렌 켈러나 아인슈타인처럼 말하고 생각하면 좋다. 부정적 현실에서 긍정적 가능성을 찾아내는 것이다. 참고가 될 또 다른 예도 있다.

《쇼코의 미소》를 쓴 최은영 작가는 2021년 〈KBS 뉴스〉 인터뷰에서 이렇게 말했다.

내가 어떤 모습이라고 하더라도, 내가 실패했다고 하더라도, 내가 약하다고 하더라도, 내가 원하지 않는 어떤 모습이라고 하더라도, 나를 수용하고 괜찮다고 생각하는 것, 그것이 제가 생각하는 나아짐이라고 저는 말할 수 있을 것 같습니다.

실패했더라도 괜찮다는 의미다. 원치 않는 모습이어도 자신을 보듬을 수 있다는 뜻이다. 부정성과 긍정성의 균형을 유지하는 사고 태도가 언어 능력의 중요한 일부가 된다.

연습 문제

▶ 부정적 사실과 긍정적 사실이 균형이 이루도록 빈칸을 채워보자.

나는 친구가 없다. _____

"나는 실패한 삶이다"라고 할 수 있다. "성격이 나빠서 당연한 결과다"라는 문장을 채울 수도 있다. 그러면 부정성에 부정성을 더한 것이어서 마음이 더 무거워질 것이다. 대신 "나 자신과 더 친해질 수 있다"거나 "곧 진실한 친구를 하나쯤은 사귈 수 있다"고 생각하면 마음이 밝아진다. 어떤 종류의 말을 만들어서 마음에 담을지 자신이 결정할 수 있다.

나는 유머 감각이 없다. ＿＿＿＿＿＿＿＿＿＿＿＿＿

이를테면 "나는 사회성이 부족하다"와 "덜 웃으며 살면 안 되나?" 중에 하나를 택할 수 있다. 또 "나는 웃어야만 행복한 사람이 아니다."도 가능한 옵션이다.

▶   아래 글이 어떻게 긍부정의 균형을 이루고 있는지 생각해보자.

인생이 레몬을 주면 레모네이드를 만들어라.

미국에서 유명한 경구이다. 레몬은 신맛 나는 과일이고 레모네이드는 신맛을 단맛으로 중화한 음료다. 인생의 시련을 흡수 가공하여 내게 이롭게 만들라는 의미일 것이다.

지금 우리가 겪는 불운이 더 큰 불운에서 우리를 구해줬을지도 모른다.

미국 소설가 코맥 매카시의 문장을 변형한 것이다. 우리에게 닥친 작은 불행을 다행으로 상상할 수 있다면 긍정성이 무척 강한 사람이다.

42 다면적으로 표현한다

황석영의 카메라 두 대

말글 능력이 최상급인 사람들에게는 머릿속 카메라가 두 대 있다. 보통 사람은 일면을 보지만 언어 능력이 높은 그들은 최소한 두 면에서 관찰해 표현한다.

아래 두 가지 문장을 비교해보자.

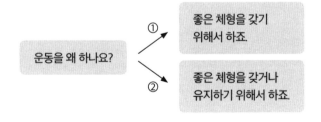

①은 카메라를 한 대가 가진 사람의 말이다. 그의 눈에는 좋은 체형을 원하는 사람들만 보인다. ②를 말한 사람에게는 카메라가 두 대다. 좋은 체형을 가지려는 사람과 이미 갖고 있는 사람 모두를 상상하면서 한 말이다. 그렇게 ①은 일면적이고 ②는 다면적이다. ①은 빠뜨린 게 있고 ②는 포괄적이다.

②의 원작자는 은희경 작가이다. 그는 독자와의 대화에서 이렇게 말했다(유튜브 채널 〈문학동네〉).

운동을 왜 하냐면 건강을 위해서도 하고 보기 좋은 체형을 갖거나 유지하기 위해서도 하고….

역시 현상을 양면에서 관찰하는 김영하 작가는 tvN 〈책의 운명〉에서 이렇게 말했다.

헌책방 오면 재미있는 게요, 잡지 부록들 중에 그 당시에 놓쳤거나 지나가버린 책들이 있거든요.

역시 두 개의 각도에서 두 가지 사례를 상상하면서 말했다. 원했지만 책을 놓쳤을 수도 있고 몰라서 지나쳐버린 책도 있을 것이다. 이 두 가지 경우를 언급하니까 말이 풍성해진다.

유시민 작가가 JTBC 〈차이나는 클라스〉에서 한 말은 이랬다.

(글을 쓰는 건 나를 표현하는 행위인데 나를 잘 표현해서 공감할 수 있다면) 내 삶도 풍족해지고 나와 공감하는 다른 사람도 더 좋잖아요.

나도 좋고 나와 공감하는 사람에게도 도움이 된다고 했다. 최소 두 사람, 두 곳, 두 측면을 상상하면서 말하는 습관이 높은 언어 능력의 증거이다.

우리도 다면적으로 생각하고 말해보자. 풍부한 느낌을 줄 수 있고 넓은 시야를 가시할 수 있어서 좋다. 아래 문장을 비교해보자.

① 왜 우리는 돈을 벌까요? 행복해지기 위해서입니다.
② 왜 우리는 돈을 벌까요? 행복해지거나 행복을 잃지 않기 위해서입니다.

①은 평범한 말이고 ②가 풍부한 느낌의 말이다. 앞에서의 체형과 마찬가지다. 행복의 경우도 어떤 사람은 새롭게 얻기 위해 또 어떤 사람은 이전 것을 지키려고 애쓴다. 다면적이며 포괄적이어서 더 좋게 들린다.

요즘 어떻게 지내냐는 물음에는 어떤 답이 좋을까?

① 일이 될듯 될듯 안 된다.
② 될듯 될듯 안 되다가도 안 될 것 같은 일이 잘되기도 한다.

일이 안 되기만 하는 사람이 세상에 있을까. 가끔은 기대 밖의 성공도 일어난다. ②가 사리에 맞을 뿐만 아니라 더 궁금하고 흥미롭다. 어떤 일들이 안 되고 어떤 일이 잘되는지 묻고 싶게 만드는 것이다.

이번에는 이미 답이 자명해진 쉬운 퀴즈다. 황석영 작가가 강연에서 했던 말은 어느 것일까?(유튜브 채널 〈그랜드마스터클래스〉)

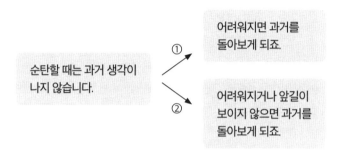

일면적인 ①은 보통 사람의 문장이다. 어려움 한 가지만 생각한다. 황석영 작가는 생각이 달랐고 그래서 ②번이라고 말했다. 그에게도 카메라가 두 대다. 어려워지거나 앞길이 보이지 않는 두 가지 상황을 상상하면서 이야기했다.

그의 강연 도입 인사말도 평범한 듯하면서 인상적이었다.

많이들 오셨네요. 저를 불러준 주최 측, 그리고 저를 기다려주신 여러분께 감사드립니다.

카메라 하나는 행사를 주최한 사람 쪽을 비추었고, 다른 하나는 청중을 향했다. 저 인사말을 듣는 동안 무대 뒤의 사람들과 무대 앞의 사람들 모두를 상상하게 된다. 입체적인 느낌을 준다.

《토지》의 박경리 작가도 다르지 않다. 2004년 MBC 프로그램 〈작가 박경리〉에서 작가는 깊은 말들을 했다.

> 젊은이들도 그렇고 대부분 사람들이 남녀의 관계에 사랑을 국한시키고 있어요. 그런데 불교에 대자대비라는 말이 있지요. 물론 기독교에도 사랑이라는 말이 있는데…
>
> (제가) 굉장히 수줍음이 많고 항상 남의 뒷전에 서 있는 그런 성질이었는데, 지금도 그렇습니다만….

젊은이와 (젊은이가 아닌) 사람들, 불교와 기독교, 과거와 지금처럼 기준이 두 가지다. 말을 따라가다 보면 청자도 이 각도에서 보고 저 각도에서도 보게 된다. 나비처럼 이곳 저곳을 날아다니는 기분이어서 좋다.

우리도 그렇게 말해보자. 연습으로 다면적 표현 능력을 키워줄 수 있다.

- 오늘 하루 놓치거나 지나쳐버린 것이 없니?
- 네가 좋아하는 걸 지키면서 원하는 것은 얻기를 바랄게.
- 이 마음은 자부심인가 아니면 가면을 쓴 열등감인가.
- 그는 늙고 지쳤을 뿐 아니라 현명해진 것인지도 모른다.

두 개의 앵글에서 관찰하는 습관이 표현력을 높인다. 두 대의 드론을 띄워서 관찰한 후에 말하면 다면적이고 풍성해진다. 내 말의 매력도가 상승하는 것은 물론이다. 듣는 이는 자기도 모르게 입체적 말에 귀를 기울이기 때문이다.

연습 문제

이번에는 연습 문제를 통해 익힐 차례다. 아래의 글귀가 왜 다면적인 표현인지 설명해보자.

모든 전쟁은 사적 적대감이 전혀 없는 낯선 타인을 죽이는 일이다. 다른 환경에서라면 우리가 고난으로부터 도울 수 있는 타인을, 또 우리에게 필요한 도움을 줄 수도 있는 타인을 죽이는 것이 전쟁이다. (마크 트웨인)

우리가 도움을 주고 또 도움을 받을 수 있는 낯선 사람을 죽이는 게 전쟁이라고 말했다. 도움을 주고 받아서 낯선 사람이 친구가 되는 상황을 상상했다. 양면적이다.

아래 빈칸을 어떤 단어로 채울 수 있을까?

- 죽음은 아주 대단한 _____ 일 것이다. (《피터 팬》)
- 나는 사람들이 마음에 들길 원치 않아요. 그러면 그 사람을 무척 좋아하는 _____ 을 느낄 수 없기 때문이죠. (제인 오스틴)
- 언젠가 당신이 충분히 나이가 들면 _____ 를 다시 읽을 것이다. (C. S. 루이스)

답은 '모험' '고통' '동화'이다. 죽음은 양면적이어서 종결이자 새로운 모험이다. 마음에 들지 않는 사람이라면 더 뜨겁게 좋아할 수도 있다. 동화는 어린이뿐 아니라 노인의 친구인지도 모른다. 죽음, 사랑, 나이듦을 양면에서 바라보면서 했던 말들이다.

43 세상을 대조법으로 해명한다

마크 저커버그의 다람쥐 한 마리

대조법은 사용 빈도가 상당히 높고 수사학적 효과가 큰 표현법이다.

먼저 달에 처음 갔던 우주인 닐 암스트롱의 유명한 대조법이다. 그는 자신의 업적에 대해서 뭐라고 자평했을까?

대부분 알고 있듯이 닐 암스트롱은 ②라고 말했다. 현명한 선택이

었다. 만일 ①처럼 말했다면 기억에 남지도 못하고 역사적 명언이 못 되었을지도 모른다. 기억하기 쉬운 건 ②다. 그것은 문장 앞절과 뒷절이 대조를 이루기 때문이다. "한 인간"은 "인류"와 대비되고, "작은 걸음"은 "거대한 도약"과 대비된다.

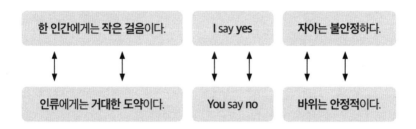

호모 사피엔스의 까닭 모를 애호증 하나가 여기서 작동한다. 사람은 상반 조합을 지나치다 싶게 좋아한다. '한 인간 vs 인류' '작은 걸음 vs 큰 도약' '왕자 vs 거지' '미녀 vs 야수'처럼 모양이나 속성이 상반된 두 개가 짝을 이뤄서 붙어 있으면, 관심을 갖고 기뻐하고 좋아하고 기억한다. 천국과 지옥, 사랑과 증오, 진실과 거짓 그리고 가깝고도 먼 나라, 웃기고 슬픈(웃픈), 달(숭고)과 6펜스(비속)도 모두 속성이 상반된 조합이어서, 우리는 넋을 놓고 좋아하고 기억한다.

반대 조합은 문장으로도 쉽게 확장된다. "웅변은 은이고 침묵은 금이다", "인내는 쓰고 열매는 달다", "유 세이 예스 아이 세이 노"가 널리 알려진 유명한 예다. 이렇게 상반된 조합이 포함된 문장을 들으면 사람은 애호증의 발현을 막지 못한다.

　　방송에서도 상반 조합 무한 애호증이 확인된 장면이 있었다. tvN 〈알쓸신잡〉에서 출연진들이 공통의 의문을 하나 갖게 되었다. 사람들은 왜 바위 위에 연인 이름을 쓸까. 그런 사랑의 낙서를 하는 심리를 어떻게 설명할 수 있을까. 김영하 작가가 답을 내놓았다.

　　사랑도 불안정하고 자아도 불안정하잖아요. 불안정하니까 안정돼 보이는 바위에 새기는 거죠.

　　듣던 사람들이 감탄한다. 연기 섞인 리액션이 아니라 진심으로 탄복하는 것으로 보였다. 왜 그렇게 감동했을까. 무엇보다 상반 조합이 눈에 들어왔기 때문이다. 자아 vs 바위, 불안정 vs 안정은 서로 대비되는 낱말로 이뤄진 짝이다. 그 예쁜 것들을 보니 사람들은 달떠서 정신없는 상태로 빠진 것이다.

　　닐 암스트롱의 후한 자평에서 김영하 작가의 날카로운 낙서론까지 모두 상반대되는 낱말(또는 어구)을 대비시키는 표현법, 즉 대조법을 썼다. 대조법은 뜨겁게 사랑받는다. 감동도 주고 동의도 쉽게 얻고 기억도 잘 된다. 그렇게 수사학적 효과가 높으니까 사용 빈도도 높을 수밖에 없다. 대조법은 가장 많이 쓰는 수사법 그룹에 속한다.

　　많이 쓰이면 파생된 유형도 많을 수밖에 없겠지만 그래도 대조법에는 기본 문형이 있다. 작가적 재능이 부족한 평범한 우리도 활용하기 좋은 기본 문형은 이렇다.

A는 B이고 not A는 not B이다.

단순하고 익히 알고 있는 예들이 많다.

- 연애는 꿈이고 결혼은 현실이다.
- 달면 삼키고 쓰면 뱉는다.
- 웅변은 은이고 침묵은 금이다.
- 인내는 쓰지만 열매는 달다.

연애와 결혼은 뜻이 상반된다. 꿈과 현실도 그렇다. 달다와 쓰다는 반대다. 삼키다와 뱉다도 반대다. 웅변과 침묵, 쓰다와 달다도 상반되는 짝이다. 그래서 위의 예는 표준적인 대조법 문장이 된다.

물론 대조법이 하나의 유형만 있는 것은 아니다. 최소 4가지 유형이 있다. 위의 기본 문형까지 포함해서 한꺼번에 정리를 해보자.

① A는 B이고 not A는 not B이다	• 인간은 실수하고 신은 용서한다. • 인생은 짧고 예술은 길다.
② A는 yes, B는 yes, C는 no이다	• 하늘은 빛나고 바다도 밝았는데 땅만은 깜깜했다. • 그는 급하고 그녀는 어리석지만 너는 현명하다.
③ A가 아니라 B이다	• 내가 여기 온 것은 카이사르를 찬양하기 위해서가 아니라 묻어버리기 위해서다. • 너의 감정은 사랑이 아니라 연민이다.
④ A 하지 않고 B 할 것이다	• 너를 잊지 않고 영원히 기억할 것이다. • 절대 너를 배신하지 않고 끝까지 사랑할 것이다.

연습을 통해 익혀보자. 아래 문장들은 대조법의 어느 유형에 속할까?

세상은 여기 우리의 말은 주목하지도 오래 기억하지도 않을 것이다. 하지만 그들(희생된 군인들)이 한 일은 잊을 수 없을 것이다. (에이브러햄 링컨)

"세상은 A하지 않고 B할 것이다"라는 구조다. ④에 해당한다고 볼 수 있다.

인생은 자기 발견이 아니라 자기 창조여야 한다.

조지 버나드 쇼의 문장을 조금 수정한 것인데 ③ 유형이다. 자기 발견과 자기 창조가 대비를 이룬다.

어떤 아버지는 두려움을 주고 어떤 아버지는 경외감을 준다. 하지만 우리 아버지처럼 웃음을 주는 아버지는 세상에 많지 않다.

두려움과 경외감은 멀리하는 느낌이고, 웃음은 가까운 느낌이다. 첫 번째와 두 번째 아버지는 서로 비슷하고 세 번째 아버지와 함께 상반된다. 그래서 위 글귀는 ② 'A는 yes, B는 yes, C는 no' 유형에 가깝다.

대다수 사람은 자신이 1년에 할 수 있는 일을 과대평가하고, 10년에 할 수 있는 일을 과소평가한다. (빌 게이츠)

위 문장은 'A를 B하고 not A를 not B 한다' 구조이다. 대조법이고 ①의 유형에 가깝다.

물론 위의 해설이 절대 정답은 아니다. 이론의 여지가 분명히 있다. 언어는 레고 블록이 아니어서 규칙이나 유형에 빈틈없이 들어맞을 수는 없는 것이다.

연습 문제

▶ 대조법이 되도록 빈칸을 알맞은 단어나 어구로 채워보자.

빛으로 가기 위해서는 _____ 을 통과해야 한다. (무라카미 하루키)

작가가 2018년 10월 영국 가디언과의 인터뷰에서 했던 말이다. 답은 '어둠'이다. '빛'과 '어둠'이 반대 개념이어서 기억 속으로 쉽게 스며든다.

아프리카에서 죽어가는 사람들보다 집 앞에서 죽어가는 _____ 가 당신의 관심을 더 끌 것이다. (마크 저커버그)

페이스북 창업자가 했던 말인 것으로 전해진다. 답은 "다람쥐 한 마리'이다.

두 사람이 감옥 철창 너머를 내다보았다. 한 사람에게는 진흙이 보였고 다른 사람에게는 _____ 이 보였다. (데일 카네기)

답은 '별'이다. 물론 데일 카네기의 선택이다. 다른 사람은 자기 취향껏 단어를 택할 수 있다.

▶ 유발 하라리와 애덤 스미스는 대조법의 대가에 속한다. 아래 문장 혹은 글이 왜 대조법인지 설명해보자.

이 세상을 운영하는 사람은 세상을 이해하지 못한다. (유발 하라리, 2021년 10월 영국 〈가디언〉 인터뷰)

이 세상의 비밀을 하나 말해달라고 하니 하라리는 위와 같이 답했다. 표현을 바꾸면, "그들은 세상을 운영하면서도 세상을 이해하지 못한다."가 된다. 분명한 대조가 숨어 있는 것이다.

코비드 19 팬데믹은 우리 과학의 엄청난 힘과 우리 정치의 무력함을 동시에 입증했다. 그것은 정치적 재난과 짝을 이룬 과학적 승리였다. (유발 하라리, UMA REVISTA 인터뷰)

메시지가 맑고 명징하다. 눈에 선하게 들어온다. 그것은 거의 완전하게 단순한 대조법 문장이기 때문이다. "과학의 엄청난 힘"과 "정치의 무력함"이 대조를 이룬다. "정치적 재난"과 "과학적 승리"도 상반되는 묶음이다.

사람들은 변화와 불확실한 것을 두려워한다. 그래서 안정적이고 영원한 것을 손에 쥐기를 원한다. 그래서 종교에 의지하게 된다. (유발 하라리, 북미 유대인 잡

'변화'와 '안정적인 것', 그리고 '불확실한 것'과 '영원한 것'이 대비된다. 대조법을 통해 종교가 필요한 이유를 간단하고 인상적으로 설명했다.

영국의 경제학자 애덤 스미스는 물건의 가치를 두 가지로 나누면서 이렇게 설명했다.

> 하나는 '사용가치' 다른 것은 '교환가치'라 부를 수 있다. 사용가치가 가장 큰 물건은 대체로 교환 가치가 거의 혹은 전혀 없다. 반대로 교환 가치가 가장 큰 물건은 대체로 사용 가치가 거의 혹은 전혀 없다. 물보다 유용한 것은 없다. 하지만 물로는 구입할 수 있는 것이 거의 없다. 반대로 다이아몬드는 사용 가치가 거의 없지만 교환할 수 있는 상품의 양이 대체로 막대하다. (애덤 스미스, 《국부론》)

"가장 크다"와 "거의 혹은 전혀 없다"가 대비를 이루면서 사용 가치와 교환 가치의 의미를 쉽게 설명하고 있다. 인류 역사에서 흔치 않게 탁월한 대조법 글귀라고 평가받는다.

KI신서 10387

언어 천재들은 어떻게 말을 할까

정재승, 김영하, 유시민, 손석희의 수사법

1판 1쇄 인쇄 2022년 8월 26일
1판 3쇄 발행 2024년 5월 24일

지은이 정재영
펴낸이 김영곤
펴낸곳 (주)북이십일 21세기북스

출판마케팅영업본부 본부장 한충희
출판영업팀 최명열 김다운 권채영 김도연
제작팀 이영민 권경민
진행·디자인 다함미디어 | 함성주 유예지

출판등록 2000년 5월 6일 제406-2003-061호
주소 (10881) 경기도 파주시 회동길 201(문발동)
대표전화 031-955-2100 **팩스** 031-955-2151 **이메일** book21@book21.co.kr

© 정재영, 2022

ISBN 978-89-509-4166-6 03700

(주)북이십일 경계를 허무는 콘텐츠 리더

21세기북스 채널에서 도서 정보와 다양한 영상자료, 이벤트를 만나세요!
페이스북 facebook.com/jiinpill21   포스트 post.naver.com/21c_editors
인스타그램 instagram.com/jiinpill21   홈페이지 www.book21.com
유튜브 youtube.com/book21pub

서울대 가지 않아도 들을 수 있는 **명강**의! <서가명강>
유튜브, 네이버, 팟캐스트에서 '**서가명강**'을 검색해보세요